Gehasster Sohn – Geliebter Zögling

Robert Volek

Autobiografie

Herstellung und Verlag:
BoD-Books on Demand, Norderstedt
ISBN: 978-3-7431-0398-6

Weißt eh warum?

Dieses Buch ist meiner lieben Gattin,

Elfriede Volek gewidmet.

„Wer Kindern Paläste baut, reißt Kerkermauern nieder."

Julius Tandler, 1869 bis 1936 Stadtrat für Wohlfahrts- und Gesundheitswesen

Ich hatte in meiner Kindheit den Palast ersehnt. Für mich

gab es nur Kerkermauern.

Den Palast in meinem Leben gab mir meine liebe Elfriede.

Danke, liebe Elfi

Robert Wolfgang Volek

Wien, 4. Juli 2016

Hochzeitstag

Ich sitze vor meinem PC und lese Beiträge und Themen aus meinem Forum durch, bilde mir Meinungen, entgegne oder befürworte die Themen und Beiträge. Da war doch noch etwas? In meinem Hinterkopf hatte ich etwas gespeichert, was ich nicht vergessen sollte. Was war das nur? Gedankenversunken gehe ich in die Küche. Weibi kocht gerade für sich ein paar Griessnockerln in einer Suppe. Ich betrachte mein Weibi und schmunzle, als sie mich ansieht.

„Ja, Weibi …", denke ich mir, „Weibi hat die scheiß Krankheit, Gott sei Dank, so halbwegs im Griff. Sie kann wieder essen, sie ist fröhlicher …" Noch immer nachdenkend und mein Weibi betrachtend, studiere ich weiter: Was will mir da nicht einfallen?
Ich brühe mir einen Kaffee und Erinnerungen werden wach, wie ich Weibi kennengelernt habe, wie wir die Wohnung wechselten, wie unsere Kinder in die Schule gingen, wie sie spielten, wie wir Ausflüge machten, wie wir reiten gingen, wie Freunde von den Kindern bis in die Nacht mit uns Erfahrungen austauschten, wie die Kinder heranwuchsen, selber Kinder bekommen haben. Ja! Ich liebe meine Kinder und Enkelkinder …
Ich setze mich zum Schreibtisch und betrachte den Bildschirm meines PCs.

Verflixt, mir will nicht einfallen, was in meinem Hinterkopf abgespeichert war. Ich sehe mir die Fotos der Familie im Wohnzimmer an, schlürfe von meinem Kaffee einen genüsslichen Schluck und wippe mit dem Sessel, die Mundwinkel leicht Richtung Ohren, während meine Erinnerungen wie im Kino ablaufen.

Ein neues Bild in meinen Gedanken: Heimerinnerungen werden wach. Warum will mich meine Erzeugerin nicht? Mein Bruder hat unsere Erzeugerin – „Frau Mama", wie Richard seit Jahren zu sagen pflegt – schon Jahrzehnte früher abgeschrieben als ich. Die Prügel und sexuellen Missbräuche im Heim laufen wie ein Film in meinem Kopf ab. Ich spüre das Kopfpolster in meinem Gesicht. Sehe meinen Kopf in der WC-Muschel, wie das Rauschen in meinen Ohren nur mehr blubberte, als der Erzieher auf mich – während er den Kopf unter das Wasser hielt – eingeredet hat, spüre den Zatopek auf den Fußsohlen und Handflächen, spüre, wie meine Füße zittern, als ich in Schranz-Hocke an der Wand lehne. Ich sehe, wie mich Erzieher Nawurth sexuell missbraucht. Wie ich mich zu wehren versuche und dafür bestraft werde. Ich habe große Atemnot, als ich das Kopfpolster im Gesicht spüre. Mir rinnt es kalt über meinen Rücken. Ich sehe mich im Polizeikommissariat Penzing, die Niederschrift übers Verdreschen durch Erzieher Roeth unterschreiben. Sehe, wie mich der Politiker Pruml wieder und wieder missbraucht.

Ich komme mir vor, als wäre ich ein „Sexobjekt" für warme Brüder. Ich weiß noch immer nicht, an was ich erinnert werden sollte. Ich hätte es mir aufschreiben sollen … Ich beginne zu studieren … denke an DAS „Erlebnis" schlechthin: Elfi windet sich vor Schmerzen … kalter Schweiß … farbloses Gesicht … hilfesuchende Augen … krampfartige Schmerzen … fester Griff um meine Unterarme … Magendurchbruch … Notoperation … Chemo-Therapie … Haarausfall … Mir wird etwas schwindlig, aber Ich brauche meine ganze Kraft für mein Weibi … Nein, ich darf jetzt nicht schwach werden … Elfi braucht mich doch noch …

Meine geliebte Elfi ist nicht mehr die „alte Puppe", die ich bisher kannte und mit der ich verheiratet bin. Viele Veränderungen in unserem Leben sind durch diese scheiß Krankheit plötzlich aufgetaucht, als wollten sie sagen: „Wir sind jetzt da und bleiben eine Zeit zwischen euch!"

Jetzt ist es um mich geschehen und der Tränenfluss ist nicht mehr aufzuhalten: „Ach Elfi, warum ist dir diese verdammte Krankheit zugestoßen? Warum gerade dir?"

Ich starre Löcher in die Luft. In mir ist alles leer. Ich wische mir meine Wangen ab. Die Tasten des Keyboards sind verschwommen. „Was will mir verflixt nicht und nicht einfallen …" Ich grüble noch immer weiter.

Ich sehe auf den Monitor meines Computers. Mein Blick schweift in die rechte untere Ecke des Bildschirms: „01. 07. 2012, 22:30 Uhr." Ich stelle mir vor, was in Zukunft sein wird. Mit Weibi, mit unseren Kindern, mit uns allen. Ich mag gar nicht dran denken.

Wie vom Blitz getroffen, fällt es mir ein: „Was! So lange sind wir beide schon verheiratet? Ich rechne innerlich nach. 3. Juli 1984. Genau! Weibi und ich sind in zwei Tagen, 28 Jahre lang verheiratet." Noch in meine Gedanken versunken gehe ich zu Elfi in die Küche. Gebe ihr einen Kuss. Sie sieht mich an und lächelt. Sie hat verstanden. „Ja, der 3. Juli ist unser 28. Hochzeitstag."

Teil 1

Gib einem Menschen die Macht, dann lernst du ihn kennen

Heimerfahrungen

Robert war von Anfang an ein ungeliebtes Kind – seine Mutter wollte ihn nicht. Er wurde im Zentralkinderheim Station „Zufluchtsstätte für obdachlose Mütter" geboren. Und wurde seiner Kindheit, seiner Unschuld und seiner Jugend beraubt. Mehr als zwei Jahrzehnte seines Lebens verbrachte er bei Pflegeeltern oder in Heimen. Hier ist die Chronologie seiner „Wohnorte", wobei er drei Wochen vor seiner Geburt schon im „Heim" war:

Zentralkinderheim Wien: 1.3.1951 bis 14.9.1953

Pflegefamilie: 14.9.1953 bis 26.4.1954

Am Himmel – bei den Klosterschwestern vom Armen Kinde Jesus: 26.4.1954 bis 7.1.1955

Zentralkinderheim Wien: 7.1.1955 bis 5.7.1955

Am Himmel – bei den Klosterschwestern vom Armen Kinde Jesus: 5.7.1955 bis 31.8.1957

Heim der Wiener Volkshilfe in Schloss Altenberg bei Greifenstein: 31.8.1957 bis 2.12.1957

Pflegefamilie: 2.12.1957 bis 4.1.1958

Heim der Wiener Volkshilfe in Schloss Altenberg bei Greifenstein: 4.1.1958 bis 17.11.1958

Schloss Wilhelminenberg: 17.11.1958 bis 14.7.1959

Heilpädagogisches Kinderheim in Hütteldorf: 14.7.1959 bis 31.7.1966

Zu Hause bei der Kindesmutter: 31.7.1966 bis 11.8.1966

Lehrlingsheim Hadersdorf – Weidlingau: 11.8.1966 bis 7.10.1968

Lehrlingsheim Augarten: 7.10.1968 bis 24.8.1969

Gesellenheim Zohmanngasse: 24.8.1969 bis 4.1.1971

Privatfoto: Erzeugerin mit Robert, ca. zwei Wochen alt.

Dokumente der Willkür

Mit Vollendung des 20. Lebensjahres wurde Robert Volek von der Gemeinde Wien aus der Fürsorgeerziehung entlassen und ist seither sein eigener Herr. Trotz aller Grausamkeiten, die ihm angetan wurden, hat er hin und wieder auch ein Quäntchen Glück gehabt – und so hat er überlebt.

Im Buch wurden Aktenauszüge in Stil und Grammatik, sowie Rechtschreibung so belassen, wie sie im Original-Jugendamts-Akt geschrieben wurden.

Auszug aus dem Mündelakt (wörtlich): *„Die KM (Kindesmutter, Anm.d. A.) hat zu ihren Kindern nie eine herzliche Bindung. Ihre Kinder waren ihr immer im Weg. Ihre Ablehnung den eigenen Kindern gegenüber erscheint fast unnatürlich. Sie scheint die Söhne, deren Väter sie seinerzeit verließen, zu hassen. Sie spricht von den Kindern haßerfüllt."*

Robert ist einer, der sich nicht mehr über den Tisch ziehen lässt, mit Paragraphen und bürokratischen Tricks und lässt sich nicht mehr abschasseln. Seine Kindheit und Jugendzeit haben ihn zu einem Kämpfer gemacht. Er lässt sich nichts mehr gefallen. Monatelang hat er darum gekämpft, Einblick in seine Heimakten zu erhalten. Mit immer neuen Ausflüchten wurde er von der MA 11, Amt für Jugend und Familie, abgewimmelt. Bis es ihm zu bunt wurde und er mithilfe eines Kurier-Journalisten an die Öffentlichkeit ging. Wenige Tage später lagen seine Akten auf dem Tisch.

In dem weit über 700 Seiten umfassenden Jugendamtsakt steht nichts von all dem, was ihm angetan wurde – es sind Dokumente der Willkür, des Vertuschens und der bürokratischen Herrschaft eines Systems, das von der Gemeinde Wien gebilligt wurde, als schwarze Pädagogik Geschichte schrieb. Was Robert Volek widerfahren ist, kann er nur selbst erzählen. So wurde er in diesem Mündelakt als „Psychopath" mit sehr „niedrigem IQ, der sein Wissensdefizit nie aufholen wird", von Dr. Pecko und Dr. Kuszen begutachtet. „Er ist misshandlungsgefährdet."

Privatfoto Richard Volek

Zentralkinderheim

Robert war mehr als zwei Jahre alt. Er war unter die Höhensonne gelegt worden. Mit Schutzbrille und einer Windel bekleidet, auf dem Boden auf einer Decke liegend. Er hatte keine Freude daran, sich bestrahlen zu lassen und war deswegen quängelig und schlecht aufgelegt.

Das ultraviolette Licht leuchtete unerbittlich auf Roberts zarte Haut und hatte einen höhen-sonne-artigen Geruch. Es blendete seine Augen, wenn Robert den Augenschutz zur Seite schob. Nur widerwillig ließ Robert alles über sich ergehen, was die Tanten in Weiß mit ihm machten.

Er spielte mit einer Plastik-Rassel, die er mit seinen kleinen Händchen abtasten konnte und eifrig mit seiner Zunge abschmeckte. Ja, dieses Spielzeug wollte Robert. Er tastete die Rassel weiterhin ab. So schön glatt war die Rassel. Sein Körper wurde öfters von einer in einen weißen Arbeitsmantel gekleideten Tante eingecremt, damit seine zarte Haut ein wenig vor den UV-Strahlen geschützt wurde. Knarr-Quietsch – die Tür ging auf und Robert wurde von seiner qualvollen Höhensonne befreit. Wie war er froh, nicht mehr auf dem Boden liegen zu müssen. Er wurde in einen anderen Raum gebracht, wo seine Mutter auf ihn wartete. Luftballons in Rot und Blau ragten sich sanft bewegend zur Decke und schienen von Robert geführt werden zu wollen. Er griff nach beiden Fäden. – „Nein, nicht Robert!" – „Nein, loslassen!", ermahnte ihn seine Mutter. „Der blaue gehört Richard." – Richard? – „Wer ist Richard? Den kenne ich nicht." Robert wusste mit dem Namen nichts anzufangen. Vielleicht ist das ein Mädchen? „Mutti, wer ist Richard?" „Du hast einen kleinen Bruder, der Richard heißt." – „Ist Richard ein Mädchen oder ein Bub?" Gerne wollte er mit einem Buben spielen, die Mädchen spielten doch nur mit Puppen. Seine Mutter gab ihm auf die Frage keine Antwort. Das interessierte Robert auch weniger. Aber Richard? Ja, Richard ist ein schöner Name, stellte Robert fest. „Ich will Richard sehen!", dachte er sich, während sein Blick vom roten zum blauen Luftballon schweifte und beide Ballons an der Schnur leicht hin und her schwebten.

Robert hat sich mit dem abgefunden, dass der blaue eben Richard gehört und der rote ihm selber. „Wann darf ich Richard sehen?" „Das weiß ich nicht.", hörte Robert von seiner Mutter. Der rote Luftballon schwebte leise zur Decke. Robert stellte sich seinen kleinen Bruder bildlich vor, als er eingeschlafen war. „Kann ich mit Richard auch spielen?"

Pflegefamilie

Robert war zu einer Pflegefamilie gekommen, als er mehr als drei Jahre alt geworden war. Er verstand sich mit der Pflegeschwester sehr gut, nur auf den Hansi, Sohn der Familie, war er nicht so gut zu sprechen. Hansi sekkierte immer den Dackel. Und Waldi bellte ihn immer an. Das wollte Robert schon gar nicht und geriet mit dem Sohn der Pflegeeltern immer in Streit. Er hatte auf dem Diwan gelegen, während Waldi ihn im Kabinett besucht hatte. Den Dackel hatte Robert sehr geliebt. Er schlief auch bei Robert, kuschelte sich an ihn oder verschwand unter der Decke, um einen langen, leicht knurrenden Seufzer loszulassen, wenn er eingeschlafen war. Er machte dem Hund auch immer die Küchentüre auf, wenn dieser Wasser trinken wollte. In der Früh wurde Robert einmal von einem ihm nicht bekannten Kläffen und Hilferufen geweckt. „Wau! Wau! Knurr!" – „Hilfe! Waldi will mich beißen!" Robert eilte in die Küche und sah, wie der Dackel sich durch die Unterhose in den Po vom Hansi verbissen hatte. Zitternd vor Angst rannte Robert aus der Küche, legte sich wieder ins Bett und deckte sich bis zu den Haaren zu, sodass ihn der Dackel nicht sehen konnte. Der Dackel war ins Kabinett gekommen, bellte Robert weiter an, damit der die Decke vom Kopf nehmen und den Hund ansehen solle. Der kleine Hund wedelte mit seinem Schwanz, bellte weiter und hüpfte zu ihm ins Bett, als sei nichts geschehen.

Eisenbahn

Roberts sehnlichster Wunsch war eine Eisenbahn aus Blech, eine zum Aufziehen. Seine Mutti hatte ihm versprochen, ihn zum Jahreswechsel zu besuchen. „Bringt sie vom Christkind die ersehnte Eisenbahn mit?" fragte Robert sich insgeheim. Der Sohn der Pflegefamilie hatte ein Motorrad aus Blech bekommen. Auch zum Aufziehen. Wie oft hatte doch Robert den Hans neidvoll beim Spielen beobachten müssen! Ratternd fuhr das Motorrad im Kreis, bis die Feder keine Kraft zum Fahren mehr hatte und das Motorrad zum Stehen kam.

Roberts Mutti war dann wirklich gekommen, er freute sich sehr über diesen Besuch, denn er hatte seine Mutti mehrere Monate nicht gesehen. Sie hatte auch ein Geschenk vom Christkind mitgebracht. War das die heiß ersehnte Eisenbahn? – Neugierig, mit zitternder Hand zerriss Robert das Geschenkpapier, betrachtete das Spielzeug und begann bitterlich zu weinen. „Das ist keine Eisenbahn vom Christkind." Er schluchzte. „Ich will eine Eisenbahn zum Aufziehen!" Und die Tränen rollten über seine kleinen Backen ...

„Wenn du nicht zufrieden bist, dann werde ich wieder gehen!" Und Roberts Mutter stand auf, um ihn zu verlassen. Ja, sie war ohne sich zu verabschieden einfach verschwunden.

Die Pflegeeltern hatten Robert eine „Goldmünze" als Trostpflaster gegeben. Robert saß vorm Schwarz-Weiß-Fernseher und schaute sich gerade den Kasperl an. Die Münze hielt er ganz fest in der Hand. Die durfte ihm niemand wegnehmen. Robert lachte hellauf, als Kasperl mit einem Stock auf den Kopf des Krokodils einschlug, fieberte mit dem Geschehen im Fernseher mit und passte dabei gut auf, dass seine Münze nicht runterfiel. Er hielt die Münze noch fester in seinen kleinen Händen.

Seine Hände waren feucht geworden – da öffnete Robert seine kleinen Hände und sah das Malheur, das durch die Schokoladen-Münze verursacht worden war: Robert hatte die geschmolzene Schokolade in der Hand und das vermeintliche Gold war zusammengeknüllt und lag mitten in der geschmolzenen Schokolade.

Am Himmel

Robert war mittlerweile fast vier Jahre alt. Er war nun im Kinderheim „Am Himmel" im 19. Bezirk untergebracht worden. Nur vage erinnert er sich an diesen Aufenthalt. Dass sein Bruder Richard immer einen Ausschlag hatte, stimmte Robert sehr traurig, da er seinen Bruder sehr liebte.

Richard hatte auf der Stirne, in der Armbeuge und in der Leistengegend sowie in den Kniekehlen stets mit dem Ausschlag zu kämpfen und wurde auch medizinisch betreut.

Jeden Moment wollte Robert mit seinem kleinen Bruder verbringen. Die Klosterschwestern verweigerten eine solche natürliche Bindung zu seinem Bruder aus unerklärlichen Gründen. Robert war etwa drei Jahre im Kinderheim „Am Himmel". Dann wurde er schulmündig und nach Schloss Altenberg gebracht.

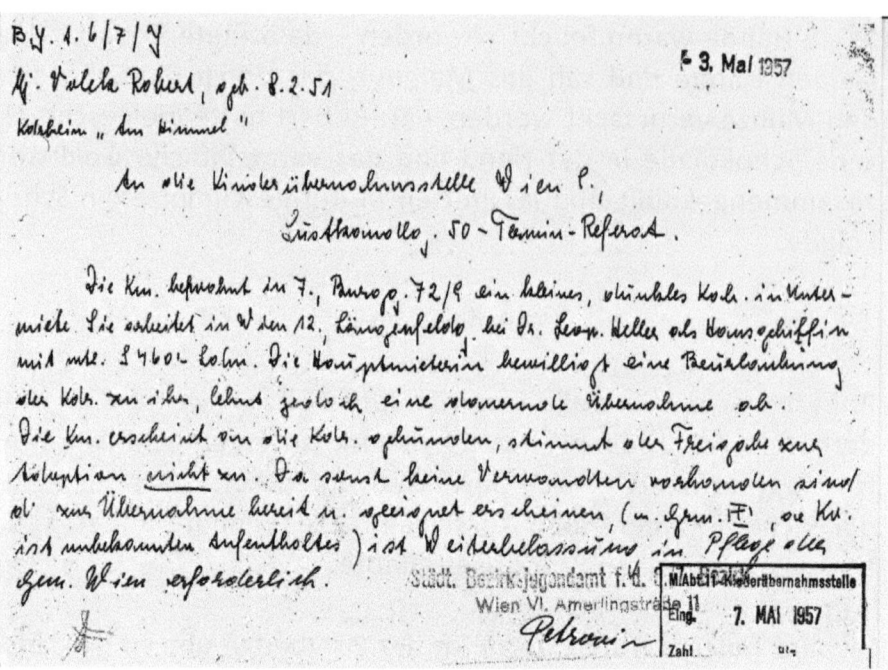

Privatfoto: […] Die Km erscheint an die Kdr. gebunden, stimmt der Freigabe zur Adoption nicht zu.

Schloss Altenberg

Vom „Himmel" wurde er mit einem VW-Bus ins Kinderheim Schloss Altenberg gefahren. Für ihn war das Schloss voller Geheimnisse. Der Hausarbeiter spielte mit den Buben Fußball. Er donnerte den Fußball über das Dach hinaus, sodass Robert verwundert dem Ball nachsah und sein Mund vor Staunen offenblieb. Er kam in die Gruppe von Tante Adele.

Die Mitzöglinge hänselten Robert oft, weil er einnässte. „Bettnässer!", hatten sie ihn gerufen. „Schwimm nicht so weit hinaus!" Robert fand es widerlich, wenn ihn die Buben deswegen beschimpften. Aus diesem Grund war es auch öfters zu Streitereien mit ihnen gekommen. Nur Tante Adele interessierte es weniger, warum die Kinder zankten. Ihr war die Ruhe in der Gruppe viel wichtiger, als zu ergründen, warum gestritten wurde …

Foto Richard Volek: Schloss Altenberg ca. 1955

Ich töte dich

Die erste Gewalttat erlebte Robert im Privatheim der Wiener Volkshilfe in Altenberg bei Greifenstein. Er war sieben Jahre alt und besuchte die zweite Volksschulklasse.

Die Gruppe war am Nachmittag ins Freie spielen gegangen, während Robert in der Spiegelhalle Strafe schreiben musste. „Er war wieder in der Klasse aufgefallen und hat den Unterricht gestört", hatte die Lehrerin Tollmann Tante Adele mitgeteilt. Während Robert zum Schreiben anfangen wollte, kam ein älterer Zögling zu ihm. Robert erkannte Werner. Dieser hatte seine Hände tief in den Hosentaschen vergraben, als wolle er drinnen etwas suchen. Er sprach Robert an: „Weißt du, was du gemacht hast?" – „Nein! Was habe ich gemacht?" Robert wusste nicht, dass er etwas Unerlaubtes gemacht hätte. „Du nimmst meinen in den Mund, sonst dresche ich dich grün und blau und sage Tante Adele, dass du mir etwas gestohlen hast." Werner war fest entschlossen, seinen sexuellen Trieb an Robert auszuleben. „Was habe ich gestohlen? Hää?" Robert schlug zornig auf den älteren Zögling ein und verpasste ihm einen Schlag aufs Auge. Werner wehrte sich, drehte Roberts Arm auf den Rücken und warf den schmächtigen Körper zu Boden. Dann schlug er mit Händen und Füßen auf Robert ein. „Du nimmst meinen jetzt in den Mund, sonst werde ich dich so verdreschen, bis du tot bist." Er schnappte Robert, zerrte ihn ins WC, tauchte Roberts Kopf in die WC-Muschel ein und ließ Wasser in die Muschel fließen. Robert hörte nur mehr ein Rauschen und Blubbern in seinem Ohr, in die Nase floss Wasser ein. Robert glaubte zu ertrinken und strampelte wild. Er schnappte nach Luft, während er um sein Leben bangte. „Los, nimm ihn in den Mund!" Robert atmete schnell, als Werner Roberts Kopf aus der Muschel zog. Werner öffnete seine Hose und nahm sein Geschlechtsteil raus. Robert hatte Angst und nahm ihn in den Mund. Er würgte, während ihm der ältere Zögling sein steifes Glied in den Mund schob. Ihm graute vor dem Mitzögling. Der Ältere urinierte in Roberts Mund. Als Robert erbrochen hatte, ließ er von ihm ab. „Wenn du jemanden davon erzählst, dann bringe ich dich um. Ich töte dich!" Drohend hatte er Robert mit erhobener Faust gedeutet, ja niemandem etwas zu erzählen.

Robert wischte sein Erbrochenes weg und trocknete seinen nassen Körper. Er hängte die nasse Wäsche über den Heizkörper. Tante Adele hatte Robert beim Säubern beobachtet und wunderte sich, dass Robert nasse Wäsche anhatte. „Hast wieder gepritscht? Wie oft soll ich dir sagen, du sollst nicht mit dem Wasser spielen!" Robert nahm die Schelte in Kauf. Er hatte Angst vorm Sterben.

Mit einem Achselzucken deutete er an, dass es ihm egal sei, was Tante Adele zu sagen hatte. „Wo ist deine Strafe?" Adele suchte die Strafarbeit und hielt das Papier in der Hand. „Was, du hast erst angefangen zu schreiben? Was ist los mit dir?" Robert zuckte abermals mit seinen Schultern. „Aber jetzt schnell!", mahnte Adele ihn. „Frau Tollmann will morgen deine Strafarbeit haben!" Robert setzte sich zum Tisch und begann weiterzuschreiben: „Ich soll den Unterricht nicht stören. Ich soll den Unterricht nicht stören ..." 50-mal musste er diesen Satz schreiben. Robert war zornig, da er gegen den Stärkeren nichts auszurichten vermochte. Er war das erste Mal von einem Menschen gedemütigt worden. Und er hatte Angst, dass er getötet werden könnte. In der Nacht war dieses Erlebnis in Erinnerung gerufen worden. Robert träumte, dass ihn der ältere Zögling umbringen wollte. Im Traum rannte er aus dem Heim in den Wald und versteckte sich. Er wollte nicht mehr ins Heim zurück.

„Brav" sein

Robert war selten brav. Was bedeutete dieser Ausdruck für Robert? Er hatte keine Ahnung, so sagte er schon von sich aus, wenn ihn jemand fragte, ob er brav sei: „Nein, ich bin nicht brav!", da er dies oft genug von Tante Adele gehört hatte. Und es machte ihn sogar ein wenig stolz, nicht brav zu sein.

„Frau Tollmann hat auch menschliche Züge", stellte Robert fest. Sie hatte sich um Robert Sorgen gemacht, als er erkrankt war. Mit fast 40 Grad Fieber lag er im Schlafzimmer, neben dem

Klassenzimmer. Sie öffnete leise die Tür und hielt eine Birne in der Hand. „Na, Robert, welches Obst halte ich da in der Hand?" – „Eine Birne, Frau Lehrerin." – „Sehr brav! Ja! Robert, du darfst die Birne behalten." Sie drückte die gelbrote, saftige Birne in seine Hand und er verschlang sie schmatzend. Jetzt wusste Robert, dass er brav war, hatte Frau Tollmann es doch eben gesagt …

Besuch

Im Sommer 1958 waren weniger Kinder im Heim. Viele machten Urlaub bei den Eltern. Robert war mit ein paar Mitzöglingen im Heim geblieben. Sie spielten im Tagraum. Nur Robert durfte in der Säulenhalle bei Tante Adele sein. Adele mahnte Robert, nicht immer mit seinen Kameraden zu streiten … „Deine Mutter wird dich heute abholen. Du hast Ausgang!", teilte Adele Robert die Neuigkeit mit. War das eine Freude! Roberts Mutter hatte sich angekündigt! Robert war aufgeregt und zitterte am ganzen Körper vor Freude. Endlich war er mit seiner Mutti zusammen. Sein Herz schlug spürbar, bis in den Kopf hinein. „Dibum–dibum"

Robert saß in der Säulenhalle und wartete auf SEINE Mutti. Tante Adele hatte mit Robert Halma gespielt, als die Eingangstüre geöffnet wurde und Roberts Erzeugerin keuchend vor ihm stand. Sie und ihr „Freund", ein gewisser „Onkel" Karl, waren mit den Rädern von Wien nach Altenberg gefahren. Robert schnellte vom Sessel hoch und wollte seine Mutter umarmen und mit ihr kuscheln. „Moment!" – Robert hielt inne. „Nicht so schnell!"

Was ist los? fragte er sich insgeheim. – „Erst will ich wissen, ob du auch brav warst." – Robert war doch sicher brav, auch wenn er immer sagte, dass er nicht brav sei. Fragend erhob Robert seinen Kopf und suchte eine Bestätigung des „Brav-Seins" bei seiner Erzieherin, Tante Adele. „Ich war doch brav?" – „Nein! Robert war nicht brav, Frau Volek." Und weiter: „Robert fällt immer unangenehm auf", wusste Tante Adele besser Bescheid. „Er streitet immer mit den Buben. Und er wird die zweite Klasse wiederholen müssen! – Geh bitte in den Tagraum. Ich will mit deiner Mutter ALLEINE sprechen." Robert gehorchte widerwillig. Er wollte endlich mit seiner Mutti zusammen sein. Mit SEINER geliebten Mutter wollte er das Heimleben für eine Zeit vergessen können.

„Robert?", klang eine ihm vertraute Stimme in seinen Ohren. „Robert? Komm mal her!" – „Ja, Mutti?" Sie saß beim Tisch, neben ihr stand Tante Adele. Geordnet und in einer Reihe nebeneinandergeschlichtet waren Süßigkeiten und ein kleines Spielzeug vor ihr auf dem Tisch ausgebreitet worden.

Sie sah ihren Sohn sehr streng an. „Sieh mal, das und das und das habe ich dir gebracht!" Sie deutete auf die Waren vor ihr und hob jedes Stück in die Höhe. Da hatte sie eine Banane, ein Päckchen Manner-Schnitten, Bensdorp-Schokolade und Plastikspielzeug für ihren Sohn mitgenommen. „Nachdem du schlimm warst, wie mir Tante Adele mitgeteilt hat, bekommst du nichts davon." Sie hielt ihre geöffnete Handtasche unter die Tischkante und streifte die mitgebrachten Sachen hinein. „Servus, baba!" – Sie stand auf und eilte schnellen Schrittes zur Eingangstüre ins Freie hinaus, zu „Onkel" Karl. „Und brav sein!" Weg war sie ...

Robert fasste es nicht und dicke Tränen flossen ihm über die Wangen. Seine Mutti kam nicht mehr zurück. Seine Mutti hatte ihn nicht lieb.

„Ihre Kinder waren ihr immer im Wege. Ihre Ablehnung den eigenen Kindern gegenüber erscheint fast unnatürlich. Sie scheint ihre Söhne, deren Väter sie seinerzeit verließen, zu hassen. Sie spricht von den Kindern haßerfüllt…"

Das Jugendamt wollte sie überzeugen, dass es für ihn besser wäre, wenn er zur Adoption freigegeben werde. Die Reaktion der Mutter konnte Robert später im Mündelakt nachlesen:

„Die Km (Kindesmutter) gebärdet sich derart auffällig, daß man annehmen muß, daß sie jederzeit einen epileptischen Anfall bekommen würde. Ihr Gesicht verfärbt sich grün und blau und ihre Ausdrucksweise widerspricht der höflichen Etikette des guten Benehmens. Ihre Stimme beginnt zu beben. Sie verließ zornig und aufgeregt das Büro mit eiligen Schritten und schlug hinter sich die Tür zu. Robert wird ins KH Schloss Altenberg transferiert.

Einige Seiten weiter steht geschrieben:

„Das mj. Kind hängt sehr an seiner Mutter. Robert wollte immer auf den Schoß der KM sitzen. Die KM stieß ihren Sohn, bei jedem Versuch, auf den Schoß zu gelangen, zur Seite. Das ha Jugendamt empfiehlt von Besuchstagen der Mutter abzusehen, da die KM ihren Sohn nicht liebt."

Nasse Aussprache

In einem Klassenzimmer wurden von Frau Tollmann ca. 35 Kinder betreut. Alle vier Volksschulklassen waren in einem Raum, rechts in der Ecke von der Säulenhalle, in Bankreihen hintereinander aufgeteilt. Jede Klasse hatte Aufgaben zu machen, die in Ruhe gelöst werden mussten. Eine Klasse wurde von Frau Tollmann mündlich unterrichtet. Robert war fad. Was sollte er machen? Er hatte überhaupt nichts von dem verstanden, was die Lehrerin von ihm wollte. Die anderen Kinder hatten ihre Nase in die Aufgaben gesteckt, Robert begann zu singen. „Robert, ist jetzt Schluss? Du sollst ruhig sein und deine Aufgabe machen", schalt ihn Frau Tollmann. Sie eilte zu Robert. „Was hast du bis jetzt gemacht?" Die Tröpfchen ihrer feuchten Aussprache bekam Robert voll in seinem Gesicht zu spüren. „Ich weiß nicht, was ich machen soll." – „Du bist ein Depp." – Es regnete aus Fr. Tollmanns Mund. „Hast wieder nicht aufgepasst?" – „Ich weiß nicht, was ich machen soll." – „Komm mit, ich zeige dir, was du machen sollst." Sie schnappte Robert mit festem Griff am linken Ohr und zerrte ihn in das Schlafzimmer neben der Klasse. Ritsch, ratsch drehte sich der Schlüssel im Schloss und Robert war eingesperrt.

Altenberger Wasserspiele

Das Schlafzimmer war verschlossen und Robert konnte nicht aus dem Zimmer. Robert wollte gar nicht nachdenken, warum er eingesperrt wurde. Er setzte sich auf ein Bett, sah sich im Raum um. Kahle Wände strahlten ihm entgegen. Er ging im Zimmer auf und ab, sah zum Fenster hinaus. Er konnte Blumen unter dem Fenster wahrnehmen, welche der Hausarbeiter gesetzt hatte. Wenn da nur der Druck in der Blase nicht wäre. Die Beine zusammengepresst, die Hand vor dem Wasserventil, suchte er eine Stelle, wo er hinpinkeln könnte. Er fand kein „stilles Örtchen".

Robert öffnete das Fenster, sah hinaus zu den Blumen unterhalb des Fensters. Schnell öffnete er seine Hose und hatte schon die erste Blume mit gezieltem Strahl getroffen. Eine, zwei und drei Blumen. Robert fühlte sich als Scharfschütze, wenn die Blumen unter dem Wasserdruck nachgaben.

Patsch – „Autsch!" Robert hielt sich die Backe. Er sah blitzende Sterne. Eine zweite Ohrfeige folgte. „Aua!" Robert hatte den Eindringling nicht aufsperren gehört, während er die „Altenberger Wasserspiele" dirigiert hatte. Der Hausarbeiter hatte Robert heimlich beobachtet und war ins Zimmer geschlichen.
Als Dank für diese „Wasserspiele" hatte Robert noch stundenlang im versperrten Zimmer ausharren müssen.

Altenberger Mädchen

Im Schloss Altenberg durfte Robert, nachdem er sich mit seinen männlichen Mitzöglingen nicht vertragen hatte, einen Stock höher bei den Mädchen übernachten. Na, das waren für Robert neue Eindrücke, wie die Mädchen sich um den kleinen Robert kümmerten, wie sie die Bettwäsche heimlich gewaschen hatten, die er eingenässt hatte. Das Frühstück wurde von den Mädchen hergerichtet. Robert genoss es sichtlich, von den Mädchen verwöhnt zu werden. Er wurde gebadet, bemuttert und umsorgt. Das machte IHN glücklich, endlich so geliebt zu werden. Auch diese Zeit verging. Robert wurde wieder einmal in ein anderes Heim transferiert. Warum er immer in ein anderes Heim kam, wusste er nicht.

Schloss Wilhelminenberg

Auf seiner nächsten Leidensstation – im Schloss Wilhelminenberg im 16. Bezirk, Savoyen Straße, wo in den 50er-Jahren auch Buben untergebracht waren, erinnerte sich Robert an folgendes Erlebnis: „In Einserreihe aufstellen und Zahnbürste vorzeigen!", hatte die Schwester den Zöglingen befohlen, die vor dem Duschraum gestanden hatten.

Jeder Zögling musste das Zahnpulver, welches auf die Zahnbürste gestreut wurde, balancieren, ohne dass das Pulver auf den Fußboden fiel. War trotz des Balanceaktes das Pulver auf den Boden gefallen, mussten der Unglücksrabe seine Zahnbürste nass machen und vom Fußboden das Zahnpulver wieder auf die Borsten drücken.

Penisspiele

Die Erzieherin widmete sich besonders den Geschlechtsteilen der Buben. Sie saß im Baderaum auf einem hölzernen Stockerl (Schemel). Beim Duschen beobachtete sie die Buben. Jeder Zögling musste zur Schwester, die seinen Penis mit der Hand bearbeitete, bis er steif wurde. Dann lachte sie freundlich, und bemerkte so nebenbei: "Da schau der Kleine wird auch mal groß. Sie hatte großes Interesse an Roberts Vorhautreinigung und spielte mit seinem Geschlechtsteil so lange – rauf und runter – bis ihm das Bändchen zur Vorhaut eingerissen war. Seifenschaum und Wasser verursachten starkes Brennen. Robert begann zu schreien und zu weinen. „Stell dich nicht so an. Geh unter die Dusche und wasch dir deinen Pimmel!", ermahnte ihn die Erzieherin

Privatfoto Richard Volek: Schloss Wilhelminenberg

Dr. Stein im Hause Wilhelminenberg

Ärztlich wurden die Kinder von Dr. Stein, einem etwas dunkelhäutigen Mann mit rabenschwarzem Haar, betreut. Diesen Mann konnte Robert gut leiden. „Volek, komm mit mir!", sagte Dr. Stein. Robert folgte ihm und entgegnete: „Was mache ich bei dir?" – „Das heißt SIE! Falls du das nicht weißt. Man spricht Erwachsene nicht per DU an!", sagte der Psychologe. – Komisch, er darf mich DUZEN und ich muss ihn mit SIE ansprechen. Robert verstand die Erwachsenen nicht. Ab jetzt mochte er den jungen Arzt nicht mehr. Ein kleines Zimmer, möbliert mit seinem Schreibtisch, einem kleinen Tisch mit zwei Sesseln, einem gläsernen Medikamentenschrank, daneben stand eine Waage, auf der man das Gewicht mit der Hand auf der Schiene in eine Einkerbung verschieben konnte, und ein kleiner Spieltisch mit einem Kindersessel gehörte ebenso zu seinem Bereich, wo er Kinder untersuchte und Gutachten erstellte. Robert durfte sich zum kleinen Spieltisch setzen. „Du darfst dir ein Spielzeug aussuchen und damit spielen!", sagte Dr. Stein und deutete mit seiner Hand zur Spielkiste neben dem Spieltisch. Robert wurde von Dr. Stein beobachtet, konnte er aus dem Augenwinkel erkennen.

Er spielte widerwillig, denn er konnte nicht so spielen, wie er gerne wollte: Ungezwungen, ohne beobachtet zu werden. Robert fühlte sich nicht wohl in seiner Haut. „Volek! Setz dich zum Tisch. Du bekommst von mir einen Zettel. Zeichne mir einen Baum auf. Mit seinen Ästen, auf einer Wiese stehend!", sagte Stein zu Robert, während er dem Kleinen ein Blatt Papier und einen Bleistift überreichte.

Robert zeichnete diesen Baum auf und übergab sein Werk dem Arzt. Dieser betrachtete die Zeichnung. „Was kannst du mir über deinen Baum erzählen?" – „Nichts, ich kenne ihn nicht. Sie haben gesagt, ich soll einen Baum zeichnen!" – „Wie kann der Baum stehen?", fragte er weiter. – Na wie schon? dachte Robert, der kann blöd fragen. – „Ähm, na der Baum hat Wurzeln in der Erde stecken!" – Robert sah Stein an. „Wie groß sind die Wurzeln?", fragte er weiter.

Ein komischer Typ, der Stein ... Robert war schon angewidert von der Art der Fragestellung und wegen der unsympathischen Körperhaltung. „Die Wurzeln sind so groß, wie dem Baum seine Krone!", schmetterte Robert etwas angefressen Stein entgegen. „Man kann die Wurzeln nicht sehen. Also wieso weißt du dann, wie groß die Wurzeln sind?" Mensch, wann hört er auf, mich so blöde zu fragen? Robert war schon ungeduldig. Er wollte nichts als raus aus diesem Fragezimmer. „Sie haben zu mir gesagt, ich soll einen Baum zeichnen.

Privatfoto Robert Volek: Gutachten vom W-Berg

Von Wurzeln haben Sie mir nichts gesagt. Daher sehen Sie auch keine Wurzeln!" „Komm mit!" Er legte die Zeichnung auf seinem Schreibtisch, machte die Türe auf und geleitete Robert in seine Gruppe.

Natürliche Vergleiche

Am Vormittag musste Robert mit einer Gruppe über die Straße gehen. Hinter einem Gartenzaun des Verhaltensforschers Otto König, der eine biologische Station am Wilhelminenberg führte, war ein kleines Häuschen, welches der unteren Stufe der Volksschule diente. Jeden Tag mussten die Schüler, in Begleitung einer Erzieherin, die Straße überqueren, um in das kleine Schulgebäude zu kommen. Hier waren alle vier Klassen in einen Raum gepfercht worden. In dieser Klasse wurden die ersten Doktorspiele zwischen Mädchen und Robert gespielt. „Zeigst du mir dein Geschlechtsteil, so zeige ich dir meinen." Schnell öffnete Robert seine Hose. Robert bemerkte, dass Mädchen anders gebaut waren als er selber. Immer wieder verglich er seinen mit dem Geschlechtsteil der Mädchen. „Wieso hat sie eine Spalte?" Er sah zum Mädchen rüber. „Ich habe einen Pimmel!", stellte er fest. „Tschieeeeeeef! Der Lehrer kommt!", verkündete ein wachsamer Zögling. Der Lehrer stand in der Tür.

„Aufstehen!" Mit lautem Gepolter standen die Schüler und Schülerinnen auf.

„Im Namen des Vaters und des Sohnes …", begann der Lehrer seinen Unterricht. … „Amen!", erklang das Ende des Gebetes. „Setzt euch nieder", befahl der Lehrer. Robert konnte sich gar nicht auf den Unterricht konzentrieren, so sehr hatte ihn diese neue Erkenntnis vom Unterschied zwischen Buben und Mädchen beeindruckt. „Aufpassen!", mahnte der Lehrer. „Hände auf den Tisch legen, Volek. Aber schnell!" Robert folgte widerwillig. Das Gequassel des Lehrers hörte nicht auf. Deutsch, Mathematik und anderes unnötiges Zeugs wurden da gelehrt, das Robert gar nicht interessierte. Mittags mussten die Zöglinge wieder in Zweierreihen über die Straße zum Schloss gehen. Das Mittagessen wurde im Tagraum eingenommen.

Hunger

Im Schloss Wilheminenberg hatte Robert erkannt, dass er sehr musikalisch veranlagt war. Während das Mittagessen ausgegeben wurde, schlug Robert mit dem Löffel im Takt auf den Teller und sang: „Wir haben Hunger, Hunger, Hunger, haben Hunger, Hunger, Hunger … haben Durst" Alle Zöglinge hatten mitgesungen. – „Tschin-Bum. – Robert sah die Sterne blitzen, als ihm die Erzieherin eine Ohrfeige gab und er mit seinem Kopf auf die Tischplatte aufschlug. Tschin-Bum war der Porzellanteller zersplittert. Ab diesem Zeitpunkt durfte Robert nur mehr vom weißen Blechteller essen.

Als Strafe wurde Robert zwischen zwei Türgruppen eingesperrt – eine Doppeltür ging zum Gang auf, die gegenüberliegende Doppeltüre ins Schlafzimmer. Sie war stets versperrt. Der Raum zwischen den beiden Türen wurde als Besenkammer und Abstellraum für Putzmittel verwendet. Die Zeit verging. Er mochte so an die zwei Stunden in seinem Gefängnis auf die Gruppe gewartet haben. Unendlich lange zwickte er seine Beine zusammen. Er verspürte einen Drang, Harn zu lassen. Im Dunkel des kleinen Gefängnisses ertastete er mit seinen Händen einen abgestellten Kübel mit Reinigungstuch. Jetzt konnte er Wasser lassen. „Ahhhh!", Robert fühlte sich so erleichtert, als wäre er eben fünf Liter Harn losgeworden.

Der Geruch des Urins stieg ihm in die Nase, aber er musste im Putzraum ausharren, bis die erlösende Rettung seiner Erzieherin kam, um ihn aus dem kleinen Gefängnis zu befreien. Er hörte schon das Getratsche seiner Gruppe auf dem Gang. Durch das Schlüsselloch zum Gang hinaus konnte er die Bäume im Garten sehen. Das satte Grün der Blätter spiegelte sich in der Sonne.

Klick und Klack drehte die Erzieherin den Schlüssel im Schloss um. Er war vom eindringenden Licht geblendet. Klatsch, hatte Robert auf seiner Wange gespürt, patsch folgte eine zweite Ohrfeige. Was war jetzt wieder los? „Du Dreckschwein! Was hast du da gemacht?" – „Nichts, Schwester!", beteuerte Robert. – „Und das hier?" Sie zeigte in den Kübel. – „Ich habe aufs Klo müssen und es waren alle Türen verschlossen." – „Na und? Wenn ich überall hin pissen würde, wo ich mich aufhalte? Du Drecksau. Stell dich in die Zweierreihe hinein." Mit gesenktem Kopf gehorchte Robert widerwillig. Er schämte sich, alle Buben hatten dieses Gespräch zwischen der Erzieherin und ihm gehört.

Das Schloss wurde im Jahre 1959 nur für Mädchen umgebaut, wie Robert erfuhr. Er saß im Bus und wurde ins Hütteldorfer-Heim transferiert.

Parksanatorium Hütteldorf

Das Kinderheim befand sich in der Vinzenz-Heß-Gasse 29 im 13. Bezirk – Jahre später wurde die Adresse in Seuttergasse 29 geändert. Das Heim hatte zwölf Gruppen mit ca. 150 Zöglingen. Der Neuzugang wurde in die Kanzlei des Direktors gebracht.

Das Parksanatorium Hütteldorf – später Heilpädagogisches Kinderheim Hütteldorf unter Dr. Asperger, als leitendem Arzt, später war Dr. Kuszen. der leitende Arzt. Direktor Rudolf Häusler und ca. 20 Hilfserzieherinnen und Hilfserzieher sowie Hauspersonal waren für das Kinderheim zuständig. Das Heim lag vor dem Lainzer Tiergarten, beim Nikolai Tor, auf einer Anhöhe zum Himmelhof.

Mit Husten und Räuspern machte sich der Direktor bemerkbar. „Ruhe!", ermahnte er die Neuen mit seiner verrauchten Stimme.

Privatfoto Robert Volek
Nebengebäude KH Hütteldorf, Balkon des Direktors Häusler

Ein schmächtiger, buckliger alter Mann mit ergrautem Haar im weißen Mantel, dessen lange Ärmel weit über die zarten, dürren, weißen Hände reichten, versuchte sich bei den neuen

Heimzöglingen bemerkbar zu machen. Sich erneut räuspernd blickte Häusler den Neuzugang mahnend an. „Jetzt rede ich! Ihr habt jetzt Sprechverbot!" Mit rauchiger Stimme und seinem furchterregenden Buckel hatte sich Häusler Ruhe verschafft.

Er teilte die Kinder in die verschiedenen Gruppen ein. Robert war ein schmächtiger Bub. „Volek ist etwas untergewichtig für seine Größe!", stellte Direktor Häusler fest. „Volek, du kommst in die Gruppe 2, zur Schwester Anni", befahl er.

Privatfoto Robert Volek: Direktor

Gruppe 2

Schwester Anni war eine ältere Erzieherin, deren Gesicht von Falten durchzogen war und deren blondes Haar immer als Pferdeschwanz vom Hinterkopf wedelte, wenn sie sich bewegte. Ihre Aussprache wurde immer von ein paar Spucke-Tröpfchen begleitet, sodass Robert stets sein feuchtes Gesicht abwischen musste. Schwester Anni hatte in Purkersdorf ein kleines Haus mit Garten – und sie hatte die Gruppe 2 über. Also die zweite Volksschulklasse. Robert war in der 2. Volksschulklasse in Altenberg „hocken" geblieben und durfte die 2. Volksschulklasse in Hütteldorf wiederholen.

Schwester Anni hatte ihren beige-braunen Donauland-Kofferradio eingeschaltet. Die Zöglinge durften sich „Autofahrer unterwegs" mit Rosemarie Isopp anhören, mussten aber das Sprechverbot einhalten. Während der Sendung hatten die Zöglinge beide Arme auf dem Tisch zu verschränken und den Kopf nach unten, zur Tischplatte schauend, draufzulegen. Sie nannten diese Stellung: „Einschauen". Robert interessierte es wenig, was Rosemarie Isopp zu quatschen hatte. Er spielte lieber mit einer Hand unter dem Tisch mit seinem Federhalter (Stiel mit einer stählernen Schreibfeder), den er nach dem Vormittagsunterricht in seine Pappendeckel-Schultasche gesteckt hatte, um damit am Nachmittag die Aufgabe zu schreiben.

„Jössas. Du Schmierfink!" Schwester Anni eilte zu Robert. „Was machst du da?" Schon hatte Robert eine Tachtel bekommen. „Nichts!", war seine Antwort. „Wie siehst du aus!" Und weiter: „Kumm her da." Schnell hatte sie ihren Daumen zu ihrem Mund geführt, tat Spucke darauf und fuhr Robert damit ins Gesicht, um die Tinte abzuwischen. „Igitt!", schrie Robert, „ich will das nicht!" – „Du wirst nicht gefragt. Die Tinte muss da weg." Sie rubbelte weiter, in Roberts Gesicht. Der Gestank ihres Speichels ekelte Robert an. Er drehte bei jedem Wischen seinen Kopf zur Seite. „Bum", vernahm Robert. Was war das? Gleich darauf folgte ein helles Flackern. Ein Gewitter war losgegangen. Die Fichtenbäume auf dem ansteigenden Hang bogen sich im Wind. Bum – der nächste Kracher war zu hören. Die Kinder erschraken alle. Das Radio krächzte nur mehr und das Licht im Tagraum begann zu flackern, um dann nicht mehr zu leuchten. Der Tagraum war dunkel. Robert hatte etwas Angst. Ein so starkes Gewitter hatte er noch nie erlebt.

Schwester Anni hatte einen Buben eingeteilt, um die Nachmittagsjause von der Küche zu holen. Die Jause bestand immer aus einem Stück trockenem Brot und Obst.

Während der Jause wurde von Schwester Anni jedem Kind ein Esslöffel Lebertran verabreicht. Ein Löffel für 15 Kinder. „Mahlzeit!", kam es aus Roberts Mund. „Du bist jetzt still!", entgegnete Anni. „Pfui Teufel! Schmeckt der Tran scheußlich!" Robert wollte die stinkende gelbe Flüssigkeit nicht einnehmen. Schwester Anni ermahnte Robert, diesen Saft schnell vom Löffel zu schlecken. „Nein, den können's selber essen. Ich mag den Lebertran nicht schlucken." „Du wirst jetzt den Löffel Lebertran essen, sonst werde ich ihn dir einflößen."– „Nein!"– Schwester Anni schnappte Roberts Kopf und hielt seine Nase zu. Robert schnappte nach Luft und Anni stopfte ihm einen Löffel Lebertran in den Mund.

Robert glaubte, er müsse an dem Saft ersticken, und fing zu husten an. Er riss sich mit Gewalt los und spuckte den Saft aus. „Ich will den Lebertran nicht essen. Da schlecken 15 Kinder vor mir am Löffel rum!" Robert schüttelte es am ganzen Körper, wenn er nur daran dachte. Zur Strafe durfte Robert über eine Stunde in der Ecke knien.

Bericht:

Eingewiesen am 14.7.1959 vom W.Berg.
Besucht im heurigen Schuljahr (1959/60) als Repetent die 2.Klasse Volksschule. Die Leistungen sind trotz der Wiederholung des Stoffes recht mässig. Er wird durch jede Nichtigkeit abgelenkt, ist von einer rastlosen Unruhe erfüllt und wird immer wieder in grössere oder kleinere Konflikte mit seiner Umgebung verwickelt. Eine ruhige, ausgeglichene Arbeitssituation ist eine Seltenheit. Ob er in der Normalschule gehalten werden kann, ist mit Sicherheit nicht vorauszusagen.
Dass der gute Robert auch disziplinär und führungsmässig zu den beschwerlichen Fällen gehört, ist selbstverständlich. Abgesehen von der ständigen Konfliktbereitschaft, die in erhöhtem Masse besteht, fehlt ihm auch völlig die Fähigkeit, rechtzeitig einzulenken, nachzugeben und sich aus einer verfahrenen Situation herauszulösen. Steif und verbohrt setzt er den einmal eingeschlagenen Weg fort, ohne Regulierung durch Verstand oder Konvention. Es gehört schon eine gute Portion pädagogisches Geschick dazu, den Krisen möglichst aus dem Wege zu gehen.
Gesundheitlich: gross und kräftig, intern o.B.

Wien, am 23. Feber 1960

Privatfoto R. Volek: Gutachten Dir. Häusler

Harmonium

Ausgesuchte Zöglinge versammelten sich im Nebengebäude im Parterre, neben Hausarbeiter Hrbeceks Werkstatt, um mit Lehrer Bleindl – der in einem schwarzen Arbeitsmantel steckte – gemeinsam zu singen. Lehrer Bleindl. fiedelte auf seiner Geige die Etüden rauf und runter, während seine Augengläser auf der Nase ebenso rauf- und runterrutschten. Die „Hütteldorfer Sängerknaben" schienen sich bei dem Gefiedel gut zu unterhalten. „Quietsch" war ein langgezogener Ton von Bleindls Geige zu hören. Alle Kinder waren verstummt. B. legte seine Geige auf ein Harmonium, das bestimmt an die 50 Jahre auf dem Buckel hatte. Die Rückwand des nussfarbenen Harmonium´s war etwas gekürzt worden.

„Ich brauche zwei starke Männer", sagte er. Einige Kinder streckten die Arme in die Höhe. „Du und du kommt zu mir", deutete B. zu zwei Kindern. „Setzt euch vor das Harmonium auf den Boden und drückt fest die Blasebalg-Pedale runter." Er schaute zu den stehenden Kindern. „Ihr setzt euch nieder. – Ruheeee!"

„Wir machen jetzt eine Singprobe. Bitte Pedale fest drücken", befahl er den auf dem Boden sitzenden Zöglingen. – Pffft-Pffft-Ratter krächzten die Pedale, als die Luft in den Resonanzkasten eingeblasen wurde. „La, la, la la la. – Alle singen mit", tönte Bleindl „La-la-la-la-la" – „Sehr schön, ein bisschen Übung kann nicht schaden", stellte er fest.

„So, jetzt lernen wir ein neues Lied." Er setzte sich an das Harmonium. Seine Finger begannen, die Tasten zu schlagen. „Es herbstelt schon bald. Und es färbt sich der Wald. Die Vöglein zieh'n fort. An einen wärmeren Ort", sang B. vor. Dabei blickte er in die Runde, um tratschende Kinder zu entdecken. Alle horchten auf sein krächzendes Harmonium und fingen zu lachen an. „Ruhe! – Alle singen jetzt mit! – Es herbstelt schon bald …" Disharmonien zwischen singenden Kindern und dem alten Harmonium wurden von allen wahrgenommen, nur nicht von Bleindl. Er war in seinem Element des Vermittelns des Gesanges und des Singen-Lernens der Lieder mit den Zöglingen. Als der Text des Herbstliedes zu Ende war, begann Bleindl in seiner rauen Bassstimme zu brummen: „Tri huli huli-jo. Tri huli huli-jo" – Ein Gelächter ging los. B. sang mit seinem „Schusterbass" weiter. „Alle singen jetzt … Und die Vöglein zieh'n fort. An einen wärmeren Ort. – Die Gesangsstunde ist beendet. Bitte geht leise in die Gruppen!", verabschiedete er seine Schüler.

Ingeborg K.

Am nächsten Tag durfte Robert seine neue Frau Lehrerin, Ingeborg K., die die zweite Volksschulklasse unterrichtete, kennenlernen. „Servus Robert." Sie hielt dem Zweitklässler die Hand entgegen. „Wie ich gehört habe, warst du in Altenberg?" – „Ja,

Frau Lehrerin." – „Dann kennst du sicher die Tante Adele?" – Roberts Augen strahlten, als er den vertrauten Namen hörte. „Ja, Frau Lehrerin." – Sie sah Robert sehr ernst an. Der Blick ihrer blauen Augen drang durch die Augengläser, die zu den Bügeln hin zugespitzt waren, um eben als Bügel zu enden. – Ihr Blick wirkte eher ermahnend als beruhigend auf Robert. Sie versuchte die Reaktion Roberts zu ergründen, wenn er den bekannten Namen hören würde.

„Tante Adele ist meine Mutter." – „Echt?" – „Sicher Robert." Der Bann war gebrochen. Robert hatte eine neue Lehrerin, die nicht wie Frau Tollmann beim Reden spuckte, sondern das Kind fest ansah, während sie mit ihm sprach. Ihm gefallen die blauen Augen von der neuen Lehrerin. Zarter Flaum war über den Lippen wahrzunehmen und spiegelten, wenn man genau hinsah.

Sie war später Roberts Lieblingslehrerin, ja in seinen Träumen war sie seine Freundin … Am Vormittag wurde im Tagraum von der Lehrerin Ingeborg die Gruppe unterrichtet, am Nachmittag konnten die Zöglinge Hausaufgaben machen und spielen.

Kuhaugen

Wenn Robert weinte, wurden durch die Tränen seine Augen-Bindehaut und die Tränensäcke rot. Mehrere Untersuchungen im AKH ergaben keinen Befund. Robert hatte sich schon daran gewöhnt, dass ihn die Mitzöglinge deswegen hänselten.

Frau Lehrerin Ingeborg war Roberts heimliche Liebe. Ja, Ingeborg, mit ihren sonderbar geformten Augengläsern, konnte durch Robert hindurchsehen. Robert hielt aber den durchbohrenden Blicken stand und wollte am liebsten Ingeborg streicheln und ihr liebevoll mit seiner Hand durch ihre Haare fahren, die kunstvoll nach oben hin gekämmt und toupiert und mit

Haarlack fixiert worden waren. Er wollte mit ihr kuscheln. Ihre Lachfalten an den Mundwinkeln liebte Robert besonders … Die zweite Klasse wurde in der Schule Hackinger Kai 15 verlegt, da die Heimleitung beschlossen hatte, Sonderschüler im Heim unterrichten zu lassen und Volks- und Hauptschüler außerhalb des Heimes den Unterricht besuchen zu lassen.

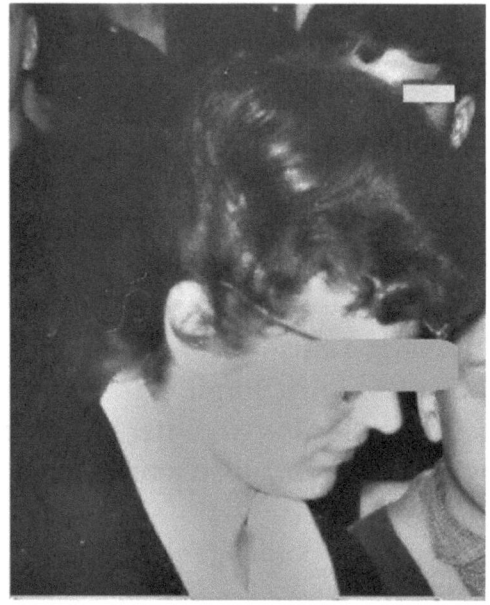

Privatfoto R. Volek: Lehrerin Ingeborg

In der Klasse stand ein Ofen an der linken Wand unweit der Türe. Ein hohes schwarzes Rohr ragte aus dem Ofen heraus und verschwand in der Wand. Während des Unterrichts kam der Schulwart, Herr Stiller, und fütterte den hungrigen Ofen mit Koks.

Die Sonne schien durch die Fenster auf Roberts Schulbank. Er sortierte seine Utensilien auf der Bank und entdeckte dabei in seiner Pappendeckelschultasche ein Vergrößerungsglas ohne Griff. Er spielte gerne mit dem Vergrößerungsglas. Er ließ die Sonne als gebündelten Strahl auf ein Blatt Papier spiegeln, bis die Ränder der Sonne ganz scharf und hell auf dem weißen Papier wiedergegeben wurden. Am Himmelhof hatte Robert ein Papier zum Brennen gebracht. Das wollte er auch jetzt versuchen.

„Was machst du da?", erklang die liebliche Stimme von Ingeborg. Robert versteckte sein Vergrößerungsglas in der Schultasche. Ingeborg holte sich das gute Stück und sah es kopfschüttelnd an. „Hast du nichts Anderes zu tun?" Sie öffnete die Ofentür und warf das Glas in die Glut. Er begann zu weinen. „Da schau, Robert hat Kuhaugen bekommen!", stellte sie fest. Die ganze Klasse lachte und muhte. Robert war nicht zum Lachen zumute. Er ärgerte sich, da sein Vergrößerungsglas im Ofen war. Ingeborg hatte sich zu ihm gesetzt. „Robert, ich sehe nach dem Unterricht, ob ich das Glas noch retten kann. Ok?" Es tat ihr leid, dass sie Roberts „wissenschaftliches" Vergrößerungsglas entsorgt hatte. Sie streichelte Roberts Haare und drückte seinen Kopf an ihre Brust. Robert schluchzte nur mehr. Seine Tränen versiegten.

Das Glas war nur mehr ein Klumpen Irgendetwas mit Asche vermengt. Robert verzieh Ingeborg alles, auch wenn sie ihn „Kuhauge" genannt hatte.

Hilfserzieher mit Matura

Schwester Anni durfte einen neuen Erzieher einschulen. Der Neue stellte sich mit Franz Nawurth vor. Er kam aus dem Waldviertel, hatte in NÖ maturiert und wollte als Erzieher in Hütteldorf sein Brot verdienen. Erzieher konnte jeder werden, der einen Beruf erlernt hatte. Erst in den späten 60er-Jahren wurden im Schnellsiedeverfahren von sechs Wochen Erzieherschulungen von der Gemeinde Wien, Wohlfahrtswesen MA 11, abgehalten und angeboten. Beim positiven Abschluss durften sich Kursteilnehmer „Erzieherin" und „Erzieher" nennen. Nawurth begann mit den Zöglingen zu sprechen, um sie kennenzulernen.

„Wie heißt du?", fragte er Robert. „Robert Volek" – „Robert ist aber ein schöner Name", stellte er fest. Weiter: „Kannst du auch singen?"– „Ich weiß es nicht." – Welche Lieder kennst du?" – „Wahre Freundschaft soll nicht wanken." – Robert hatte sich insgeheim den Neuen weggewünscht. Er ging ihm auf die Nerven. „Gut, wir werden alle singen", sprach er, nahm sein großes, schwarz-weißes Rigoletto-Akkordeon aus dem Koffer und schnallte sich das Musikinstrument um. Robert faszinierten die weißen und schwarzen Tasten. Und erst der Bass war für ihn beeindruckend.

Mit einem „Pfff" ließ der neue Erzieher die Luft aus dem Blasbalg. Seine Finger tanzten auf den Tasten und alle Kinder stimmten „Wahre Freundschaft" an. Dann folgte „Das Schifflein schwingt sich daune vom Land … Ade …" Alle Kinder waren begeistert, dass man mit einem Akkordeon solch wunderschöne Töne hervorbringen konnte. Nawurth hatte die Kinderherzen für diesen Moment gewonnen. „Lustig ist das Zigeunerleben, faria. Brauchst dem Kaiser kein Zins zu geben faria." Im ¾ Takt wurden die Bassknöpfe, von zwei Fingern der linken Hand, gedrückt. „Um-dada, um-da-da. Pffffft" Robert war begeistert. „Das will ich auch lernen, Herr Erzieher!"

Friseur Bliba

Herr Bliba, der Heimfriseur, hatte den Erstkommunionkindern die Haare zu schneiden. Im Krankenzimmer im Nebengebäude hatte er eine provisorische Werkstatt eingerichtet. Auf einem Tisch fein säuberlich nebeneinander lagen verschiedene Scheren, Kämme und Haarmaschinen. Mit einer Handmaschine fuzelte er die Haare vom Kopf. Die Kinder sahen aus, als habe ein Reindl als Muster für die Frisur herhalten müssen. Robert hatte reges Interesse fürs Werkzeug gezeigt. „Das berühren der Figüren mit den Pfoten ist verboten!", sagte Bliba und zerrte Robert vom Tisch weg. Die halbe Stunde beim Friseur war für Robert eine kleine wohltuende Abwechslung vom Alltag des Heimes, von seiner Gruppe und von Anni, die immer etwas lauter sprach als die anderen Erziehungskräfte.

Bliba konnte sehr gut Geschichten erzählen. Kriegsgeschichten lagen ihm besonders … Er hatte an der linken Schläfe eine Umfangvermehrung, die wie eine Warze aussah. „Ist das eine Warze am linken Ohr?", wollte Robert wissen. – „Nein! Da wurde ich im Krieg verletzt. Ein Granatsplitter hat sich da reingebohrt." Robert wusste nicht, was eine Granate war. Bliba erklärte es ihm. Er erzählte weiter: „Ich muss diese Beule immer mit einer medizinischen Salbe einschmieren, damit der Splitter nicht rosten kann." - „Echt?" staunte er. „Wow, tut das weh?", wollte Robert wissen. - „Ein bisschen, wenn ich lache!", lächelte er Robert an. Robert studierte, was Bliba wohl gemeint hatte, und musste dann selber lachen.

Erstkommunion

Robert musste für die Erstkommunion noch lernen. Er wurde vom Religionslehrer abgefragt und hurra, er durfte an der Hl. Kommunion teilnehmen.

„Aufstellen zu einem Gruppenfoto!" Ingeborg reihte die größeren Kinder in die hinteren Reihen.
Robert war egal, was da geschah. Er hatte mit seinem Freund Fritz R. gestritten und war deswegen etwas angefressen. Fritz sah, wie Robert, auf den Fußboden und nicht in die Kamera. In der Kirche waren die Stimmen der Zöglinge von den Stimmen der Schwestern übertönt worden.

„Großer Gott, wir loben Dich!" – Der Vorsänger stimmte die Tonlage an. „Herr, wir preisen Deine Stärke. Vor Dir neigt die Erde sich. Und bewundert Deine Werke." Robert war langweilig geworden. „Wie Du warst vor aller Zeit, so bleibst du in Ewigkeit." Hatten alle außer Robert gesungen.

Alle Erstkommunion-Empfänger waren vor dem Altar angetreten. Der Pfarrer zeigte seinen Rücken, als er die Hostie in die Höhe gehoben hatte. „Komisch. Warum zeigt er seinen Rücken? Hat er am Bauch einen Ausschlag?", schwätzte er Richtung Nachbar.

„Pscht!", pfauchte Anita Robert an. „Ruhe!" Robert war still geworden. Anita hatte ihn erschreckt. Ingeborg sah Robert mahnend an. Sie legte ihren Zeigefinger auf den Mund und zwinkerte Robert zu. Robert hatte kapiert, was dieses Zeichen bedeuten sollte.

„Der Leib Christi!" Der Pfarrer schob die Hostie in Roberts Mund. Wie war das noch? dachte Robert. Sollte ich vorm Empfangen der Hostie „Amen" sagen, oder nachdem ich die Hostie im Mund hatte? Schon war die Hostie in seinem Mund geschoben worden. Robert stammelte ein unverständliches „Amen!" dem Pfarrer entgegen.

Privatfoto Robert Volek: Erstkommunion 1960

Die Hostie klebte am Gaumen. Robert spielte mit der Zunge, um sie vom Gaumen zu lösen. Nicht und nicht wollte die Hostie runter. Er nahm seine Finger zum Lösen der Hostie und hatte die erste Sünde begangen. Im Unterricht hatte er gehört, dass der Gläubige die Hostie nicht in seine Hand nehmen darf. Nur der Spender darf die Hostie in der Hand halten.

Jesus ist komisch! dachte er. Da mache ich Bekanntschaft mit ihm und hat bereits eine Sünde nach der Erstkommunion, nur, weil die Hostie nicht vom Gaumen runter will.

Zum Trost wurden alle Erstkommunion-Kinder mit Kakao und Kuchen in der Pfarre der Ober St. Veit Kirche verköstigt.

Ekzem

Die Heimbekleidung bestand aus einem Oberhemd, das wöchentlich getauscht werden musste. Selbstgestrickte Garnstrümpfe, die bis unter die Knie reichten, einer kurzen Stoff- oder Lederhose und schwarzen hohen Winterschuhen zum Schnüren.

Verflixt, Roberts Zehen juckten. Er wusste nicht mehr, was er machen sollte, um das Jucken zum Abklingen zu bewegen. Er rieb mit einem Finger zwischen den Zehen und bemerkte, dass sie nässten. Er roch an seinen Fingern und stellte fest: „Pfui, die stinken, wie wenn sie am Verfaulen wären!" Schwester Anni schickte Robert ins Nebengebäude, wo Schwester Paula im ersten Stock vor der Nebenkanzlei verwundete Kinder verband und versorgte.

„Na habe d´ Ehre!", begrüßte Schwester Paula das Ekzem. „Was ist mit dir los?" Paula sah sich Roberts Füße genauer an. „Das schaut ganz nach einem Ekzem aus", stellte sie fest. „Morgen in der Früh gehst mit einem Erzieher ins Spital." Eilig schrieb sie den Namen Volek auf eine Liste, verband die Füße Roberts und hieß ihn, in seine Gruppe zu gehen.

Restaurant Stephan

Nawurth war zum Spitalgehen eingeteilt worden. Robert saß neben ihm in der Stadtbahn Fahrtrichtung Alserstraße, um in die Linie 43 umzusteigen. Er kannte sich mit der Linienführung gar nicht aus. Einmal fuhr die Stadtbahn Richtung „Wiental", ein anderes Mal Richtung Gürtel. Man erkannte die Linienführung an der Fahrtrichtungsanzeige oberhalb des Fahrers. Bei jeder Endstelle, wie Hütteldorf und Heiligenstadt, wurden die Tafeln umgedreht. G war für Gürtel zuständig und WD war richtungsweisend für Wiental Donaukanal, GD für Gürtel Donaukanal. Mit stolzen 40 km/h ratterte die Stadtbahn hart auf den Schienen. Robert musste lachen. Der Fahrer saß auf einem gefederten Sessel und hüpfte jedes Mal in die Höhe, wenn er die Geschwindigkeit mit dem Fahrhebel regelte. Ein kurzes Zischen war bei jedem Schaltgang zu hören. Die Totmannhupe erklang alle zwei Minuten. „Alserstraße", krächzte es aus dem Mikrofon. „Kumm Bua, wir müssen aussteigen." Nawurth hatte Robert aufgefordert, auszusteigen. „Wir fahren jetzt mit dem 43er zum Allgemeinen Krankenhaus."

Der Spitalsarzt sah sich Roberts Fuß mit einer Lupe an. „Ja mein liebes Kind", meinte er, „das ist ein Ekzem!" Er drehte Roberts Füße mehrmals zur Seite, um mit einem Spatel die Zehenzwischenräume begutachten zu können. „Wir werden das Ekzem mit einem Fußbad bekämpfen", sprach der Doktor Nawurth an. „Sollte es nicht abheilen, dann müssen wir die Zehennägel ziehen!" Robert wurde etwas mulmig im Bauch. Der Arzt übergab dem Erzieher ein Rezept. „Nächste Woche zur Kontrolle!", empfahl er den beiden.

Auf der Heimfahrt war Robert schon etwas besser aufgelegt. Nawurth sprach Robert an, ob er etwas trinken wolle. Robert verstand nicht ganz seine Frage. „Ich weiß nicht, was Sie meinen, Herr Erzieher." – „Wenn wir außerhalb des Heimes sind, brauchst du nicht Erzieher zu mir sagen, sondern nenne mich einfach Franz." Robert merkte, dass Nawurth sich in der Öffentlichkeit genierte, wenn er mit Heimkindern ins Spital fahren musste und mit Herr Erzieher angesprochen wurde. Zu Fuß ging es von Hütteldorf-Hacking über den Wienfluss zur Auhofstraße. Stadtauswärts in Richtung Wientalstraße war rechts ein kleines Wirtshaus zu sehen. „Willst da reingehen?", fragte Franz. – „Ich weiß nicht!" Robert war sich unsicher. „Na komm', ich lade dich ein. Aber niemandem im Heim etwas davon erzählen!" „Ja, Herr

Franz." Stephan hieß der Wirt vom Gasthaus, das sehr alt, aber gemütlich eingerichtet war. Das Gasthaus war etwa fünf Gehminuten vom Heim entfernt. „Was darf es sein?", fragte der Wirt Franz und Robert. „Ein kleines Bier und ein Kracherl", entgegnete Franz, während er sich eine Zigarette anzündete. „Und für Robert eine Mannerschnitte."

Kracherl wurde aus Himbeersirup und Sodawasser gemacht. Das erfuhr Robert von Stephan. Robert verzehrte die Mannerschnitte und hatte aus seinem Glas das Kracherl getrunken, während Franz genüsslich sein Bier schlürfte und den grauen Qualm Zigarettenrauch ausatmete. „Versprich mir, dass du nichts im Heim erzählst", wiederholte er, während er und Robert in die Raschgasse Richtung Heim gingen. „Nein! Versprochen, Herr Franz!" Nawurth zog genüsslich an seiner Smart Export Zigarette – und warf dann den restlichen Zigarettenstummel auf die Straße, um mit den Schuhsohlen die Glut auszutreten.

Fußbäder

Schwester Paula hatte ein Lavoir mit lauwarmem Wasser hergerichtet. Sie schüttete ein dunkelrotes Pulver hinein. Das Wasser verfärbte sich rosa-violett. Robert musste in dieser Brühe seine Füße baden. Unendliche zehn Minuten lange. Über eine Woche, immer zu Mittag. Die Zehen wurden nach dem Baden mit Salbentüchern (Leinenfetzen) einzeln eingewickelt und mit einem Gaze-Verband bis hinauf zu den Knöcheln verbunden. Er durfte sogar mit Hauspatschen ins Freie. Roberts Schuhe wurden getauscht, da Paula vermutete, dass der Keim des Ekzems von den Heimschuhen stammen dürfte. „Ja Robert, es tut mir leid! Wir müssen die Nägel ziehen", stellte der Doktor bei der zweiten Visite fest. „Das Ekzem ist nicht besser geworden." Robert sah den Arzt ängstlich an. Er hatte schon immer Angst vorm Spital und seinen Ärzten gehabt. „Na, du brauchst keine Angst zu haben, du bekommst eine Vereisung in jedem Zeh' und spürst das Ziehen nicht mehr!" Robert konnte sich nicht vorstellen, wie man einen Zehennagel ziehen kann. „Der ist doch angewachsen", dachte er sich. Robert saß auf einem erhöhten Stuhl, wie ein Kaiser kam er sich vor.

„Auaaa!" Robert spürte die Injektionsstiche links und rechts der Zehennägel. Er musste einige Minuten warten. Eine Zange hatte der Arzt vorbereitet. Robert wendete sein Gesicht ab, um nichts zu sehen. Ganz fest schloss er seine Augen. Der Arzt zählte laut „Eins" – Zack, war der erste Nagel gezogen. „Zwei" Robert begann zu zittern. „Keine Angst, Robert! Wir sind bald fertig." „Drei, vier, fünf, sechs, sieben ... zehn! Geschafft, Robert, du warst sehr tapfer!", stellte der Arzt fest. Robert war stolz auf sich. „Der Verband bleibt bis nächste Woche oben. Robert darf nicht duschen und muss sich schonen", verordnete der Arzt. Herr Franz lud auch diesmal Robert zu einem Kracherl beim Stephan ein. Robert hatte starke Wundschmerzen. Er bekam von Schwester Paula Schmerztabletten verabreicht.

WC-Papier zum Lesen

Die WCs in Hütteldorf wurden mit einem besonderen WC-Papier bestückt: Das in kleine Stücke zerrissene Zeitungspapier war auf eine Schnur aufgefädelt. Robert wurde extra geschult, um dieses wertvolle Papier verwenden zu können. Anni nahm ein solches Papier und zeigte es in der Gruppe her. „Ihr müsst das Zeitungspapier etwas zerknüllen, dann wieder öffnen und dann erst euren Hintern damit auswischen! Durch das Zusammenknüllen wird die Zeitung etwas weicher", belehrte sie die Gruppe. Jede Gruppe musste ihr eigenes WC-Papier herstellen, auf die Schnur auffädeln und im Gruppenkasten lagern. Robert hatte die Einschulung nicht interessiert. Da die Zeitung für die

Reinigung des Pos zu hart war, beachtete Robert auch nicht, ob sein Hintern sauber geputzt war. Das Ergebnis fand sich in der weißen Leinenunterhose wieder.

Unterhosenkontrolle

Robert war in Gruppe 10 – Gruppe des Erziehers Franz Nawurth gekommen. Diese Gruppe war mit der ersten, zweiten und dritten Hauptschulklasse zusammengelegt worden.

Jeden Freitag war am Nachmittag Herr Dr. Kuszen, der Heim-Arzt, im Heim und untersuchte die Kinder im Schnellverfahren.

Die Zöglinge waren nur mit Unterhose bekleidet und mussten sich in Einserreihe, in Didis Kanzlei, aufstellen. Der Direktor nannte den Namen des Kindes, welches an vorderster Stelle stand. „Hose runter, husten. Hose wieder raufziehen." Er hatte genau beobachtet, ob sich die Hoden der Buben beim Husten auch bewegten. Er horchte mit seinem Stethoskop den Oberkörper ab. „Tief einatmen, nicht mehr atmen, ausatmen. Umdrehen. Tief einatmen, Luft anhalten, ausatmen", sprach er bei jedem Kind. Die gleiche Prozedur wiederholte sich an die 40 Mal. Robert wurde einmal im Monat untersucht.

Am Abend war in Hütteldorf Wäschetauschen angesagt. Die Zöglinge der Gruppe 10, Robert war elf Jahre alt, marschierten in Zweierreihen ins Nebengebäude, wo im 2. Stock die Schmutzwäsche von Schwester Paula, Gattin vom Direktor, entgegengenommen wurde.

Getauscht wurden: Selbstgestrickte braune Garnstrümpfe mit einfarbigem, eingefasstem Gummibandabschluss, Stofftaschentücher, Oberhemd, Unterhose, Handtuch und Waschlappen.

Zöglinge, welche kaputte Schuhe hatten, konnte diese ebenso zum Tausch mitbringen.

Robert wunderte sich, warum dieser Wäschetausch so langsam abläuft. Er hörte von Schwester Paula: „Unterhose herzeigen." Robert nahm seine Leinenunterhose und wollte sie separat der Schwester geben. „Was ist los mit dir?" Paula sah Robert fragend an. „Nichts!" Robert war etwas irritiert. „Mach gefälligst deine Unterhose auf, damit ich sehen kann, ob du reingemacht hast." Mit dem kleinen Finger und dem Daumen musste Robert seine angemachte Unterhose öffnen. Paula gaffte in die, mit Kot, verunreinigte Unterhose. Sie sah zu Robert, sah wieder in die Unterhose, als wolle sie nach Gold suchen. „Das gefällt dir, wenn du in die Hose machst?" – „Gefallen nicht, aber mit der Zeitung kann man den Po nicht so gut reinigen!" „Dann mach die Zeitung etwas nass!", antwortete Paula schroff. Robert zuckte mit den Schultern. „Wo soll ich das Zeitungspapier nass machen?" sah er fragend zur Paula. „Frag nicht so blöde." entgegnete Paula. „Du bist ein Sauschädel wie es im Buche steht! Geh weiter!" Paula war zornig geworden.

Sauschädel

„Herr Erzieher, würden Sie trachten, dass Volek seine verschmutzte Unterhose selber wäscht?" „Selbstverständlich, Schwester Paula! - Volek, stell dich auf die Seite und ziehe deine Unterhose über deinen Kopf." – „Was muss ich?", fragte Robert erstaunt. „Stell dich nicht so blöd an, Volek", ermahnte Erzieher Nawurth seinen Zögling. „Zieh deine Hose über deinen Sauschädel!"

Robert musste seine Unterhose bis zum Schluss des Wäschetauschens über dem Kopf tragen. Sämtliche Jungs, die an ihm vorbeigingen, durften Robert einen Fausthieb verpassen. Im

Waschraum musste Robert seine Unterhose mit Hirsch-Zitronella-Seife einseifen.

Erzieher Nawurth nahm die nasse Unterhose Robert aus der Hand. Mehrmals schlug er mit dem nassen Kleidungsstück auf Robert ein. „Du Drecksau, du. Ich werde dich her wuschen, dass dir dein Kot bei den Ohren rauskommt", schimpfte Nawurth während er auf Robert einschlug. „Jetzt wasche deine Hose blitzrein, nimm dazu eine Handbürste und viel Seife. Du Sauschädel!"

Mehrmals kontrollierte Nawurth die Unterhose. „Jetzt anständig auswringen und ab mit dir. Rüber zur Schwester Paula."

„Warum nicht gleich?", fragte Schwester Paula Robert. „Wenn du nächste Woche wieder eine verschmutzte Unterhose vorzeigst, Volek, dann spielt es Granada." Die Unterhose hat Schwester Paula getauscht. „Avanti", Schwester Paula deutete mit der rechten Hand, der der Ringfinger fehlte, Robert an, dass er verschwinden konnte.

Robert hatte erfahren, dass Direktor Häusler dem Erziehungspersonal ein Pönale aufgebrummt hatte. Von diesen wurde vom Gehalt eine Bußzahlung einbehalten, da er der Meinung war, dass dreckige Unterwäsche nur zeige, dass sich das Erziehungspersonal zu wenig um die Kinder kümmere. Denn reine Unterhosen gehörten zur hygienischen Erziehung. Auch der Dienstplan wurde dementsprechend geändert und die Erzieher und Schwestern wurden mit mehr Nachdienste bestraft.

Privatfoto Robert Volek: Schwester Paula

Baumgartner-Bad

Walter Blauer war ein Kriegsinvalide, dem man ein Bein weggeschossen hatte. Nach dem Krieg wurde er als Erzieher tätig und humpelte im Hütteldorfer Kinderheim mit einem Holzbein und einem gesunden Bein umher. Er mochte besonders Holz- und Stickbastelarbeiten. Seinen geliebten beigen Opel Kadett kannte jedes Heimkind. Er hatte einen Tag als Springererzieher die Gruppe 10 zu betreuen, wenn Nawurth dienstfrei hatte.

Der Erzieher musste eine schriftliche Anfrage an Direktor Häusler stellen, wenn er etwas Außergewöhnliches mit den Kindern unternehmen wollte. Es bedurfte der Bewilligung des Direktors, wenn er mit den Kindern ins Baumgartner-Bad oder ins Hütteldorfer-Bad gehen wollte.

„Ich ersuche, mit 20 Buben ins Baumgartner Bad fahren zu dürfen. Hochachtungsvoll Blauer."

„Volek, bring den Zettel zum Direktor." „Ja, Herr Erzieher." Robert nahm den Zettel und ging ins Nebengebäude zum Didi. Ein von Husten begleitetes „Herein" war die Antwortet Didi Häuslers auf Roberts Klopfzeichen an der Kanzleitür.

„Grüß Gott, Herr Direktor!" „Was ist los?", murmelte Didi Heisla. Robert übergab den Zettel dem Direktor. Der Direktor brummelte unverständliche Worte, während er las. „Da hast du!" Direktor Häusler übergab Robert ein Kuvert mit dem Eintrittsgeld fürs Bad und Fürsorgefahrscheine für die Stadtbahn. Didi sah Robert über seinen Brillenrand hinweg an. „Aufpassen, dass du nichts verlierst!", ermahnte ihn der Direktor. „Geh in die Küche und sag Frau Helli Bescheid. Sie muss euch Proviant mitgeben!" – „Ja, Herr Direktor." – Unter Husten und Räuspern deutete der Direktor mit seinem rechten Arm zur Türe, um Robert aus der Kanzlei zu weisen. Robert verließ gerne die stinkende, verrauchte Bude des Direktors. Kalter Rauch vermengte sich mit dem Rasierwasser „Pitralon". Pfui Teufel, dachte Robert, Didi Heisla stinkt fürchterlich ... „Auf Wiedersehen Herr Direktor."

Sardinenbuben

„Selbstverständlich, Herr Direktor. Ich richte den Proviant gleich her!", hörte Robert von Helli, als er in die Küche kam. Sie legte den Telefonhörer auf den Apparat. „Käthe, gib dem Volek bitte 10 Sardinendosen und 20 Stück Brot sowie 20 Äpfel!", befahl Helli ihrer Küchenhilfe. „Wieso nur zehn Sardinen?", wollte Robert wissen. „Eine Dose für zwei Kinder. Vier Stück Sardinen sind drinnen und zwei bekommt jedes Kind." – „Aha. Kann ich bitte ein Schmalzbrot für mich haben?" Robert hatte immer Hunger, wenn er Helli sah. Helli schmierte ihm ein Brot. Robert verschlang das Brot gierig. In einen kleinen Rucksack wurde der Proviant eingepackt und ihm übergeben. „Viel Spaß beim Baden!", rief Helli Robert nach. „Dankeeee!"

Im Baumgartner-Bad mussten sich die Buben auf der Wiese umziehen, da für Kästchen-Karten oder gar Kabinen-Karten kein Geld vorhanden war. Gekonnt hatten sich die Buben die Badehosen angezogen, ohne dass Fremde den Kindern alles wegsehen konnte. „Dürfen wir ins Wasser?" – „Ja! Aber um 11:30 Uhr seid ihr pünktlich da!", ermahnte Blauer. „Wer zu spät kommt, darf eine Stunde nicht mehr ins Wasser!", ergänzte er seine Ermahnung.

Um 11:30 Uhr versammelten sich alle Kinder auf dem ausgemachten Platz vor den Kabinen.

Blauer teilte die Sardinen auf und jedes Kind erhielt ein Stück trockenes Brot und einen Apfel. „Hinter uns ist der Mistkübel!", deutete Bauer mit seiner Hand rückwärts. „Nach dem Essen zeige ich euch etwas. Bleibt alle hier." „Was will uns Blauer zeigen?"

Privatfoto: v.l.n.r. Käthe, Sr. Gerti, Küchenchefin Helli

Öl für die Haut

Blauer nahm eine Fischdose in seine Hände. Er schüttete das restliche Fischöl in seine hohle Hand. „Volek, komm' her!" „Bitte?" „Drehe dich um." Klatsch – schmierte Blauer das Öl auf seinen Rücken und verteilte es. „Bitte reibt euren Nachbarn damit ein. Es schützt vor Sonnenbrand!" Blauer glaubte fest daran, dass das stinkende Fischöl vor Sonnenbrand schütze. Den einzigen Schutz, den die Buben hatten, war der, dass im Umreis von 20 Metern kein einziger Badegast anzutreffen war. Alle hatten die stinkenden Heimkinder aus „Sardinien" gemieden. Trotzdem hatten einige Zöglinge einen Sonnenbrand. Robert stellte fest: „Hurra! Wir sind Sardinenkinder!"

Eva Maria

„Dreißig Minuten noch sitzen, dann dürft ihr wieder ins Wasser." – „Sind die dreißig Minuten schon um, Herr Erzieher?", wollte Robert wissen. Er hatte im Bad ein blondes Mädchen kennengelernt. Eva Maria K. Robert war ins Schwärmen gekommen. Sie war fast so groß wie er. Hatte lange, wunderschöne blonde Haare ... Er hatte von ihr erfahren, dass sie im 14. Bezirk wohnte. In der Nähe des Bades. „Noch zehn Minuten!" Blauer hielt eisern an seiner Zeit fest. Robert rannte nach der Pause und sprang ins Becken. Er wollte sein stinkendes Sardinenöl von der Haut bekommen und schwamm daher einige Runden. Robert suchte seine erste „Freundin". Sie schwatzten und lachten. „Soll ich?", dachte sich Robert. Ihre Wangen hatten Roberts Mund eingeladen, sie zu küssen. Robert beugte sich zu ihr. Er formte den Mund zu einem Kussmund und näherte sich ihrer rechten Wange. Eva drehte sich blitzschnell auf die rechte Seite, sodass Robert ihren Mund küssen musste. Sie stand auf und rannte zum Bassin, sprang hinein und Robert sprang hinterher. Sie spritzen sich mit Badewasser an und lachten dabei. Das erste Mal, dass Robert nicht in Heimmanier das machen musste, was von ihm verlangt wurde. Er war den Nachmittag überglücklich, vor Freude mit Eva beisammen zu sein.

„Ich muss jetzt gehen!", sagte Eva zu Robert, während sie ihr nasses, blondes Haar auswrang. „Schade ..." Robert war ein wenig traurig. „Sehen wir uns morgen wieder?" Er rubbelte mit dem Badetuch ihren Rücken trocken. „Vielleicht", antwortete sie mit einem kleinen, schelmischen Lächeln. Robert liebte dieses Lächeln an Eva – wenn ihr zartrosa Mund sich leicht zu den Wangen hinzog und in den Wangen kleine Grübchen entstehen ließen.

„Bitte, Herr Erzieher. Gehen wir morgen auch baden?" Robert war ungeduldig und hoffte, dass Erzieher Blauer nicht „Nein" sagen würde. „Ich werde mit dem Direktor sprechen", sagte Blauer auf dem Weg in den Speisesaal zu Robert. „Ich weiß nicht, ob ich morgen in dieser Gruppe bin!"

„Bitte ruhig in den Speisesaal gehen und das Sprechverbot während des Essens einhalten", sagte Blauer und humpelte mit seinem Holzfuß mit der Gruppe in den Speisesaal. Alle Zöglinge standen vor ihrem Platz hinter dem Sessel. „Setzen", sagte Blauer. Er portionierte den Kochsalat und gab jedem Zögling ein Stück Brot und ein Stück Kuchen dazu. Robert war so aufgeregt, dass er den Kochsalat mit einem Kuchen gegessen hatte. Er wunderte sich, dass das Brot neben dem Teller lag. Er träumte von seiner ersten „Freundin" und ließ seinen Tag Revue passieren. Er freute sich schon auf den nächsten Tag. Eine Nacht schlafen, dann wird er seine Eva wiedersehen …

Frühdienst

Im Hauptgebäude waren Schlafzimmern, Tagräume, Waschraum, Duschraum, Heizkeller, Küche, Speisesaal und die Dienstwohnungen des Direktors und des Erziehungspersonals untergebracht. In der Früh wurden die Kinder um ca. 6:30 Uhr von Direktor Häusler (Didi Heisla) geweckt.

Robert war noch immer Eva im Gedächtnis hängen geblieben. Er war glücklich. Ja, das erste Mal in seinem Leben empfand Robert Glück in seiner Brust.

„Was sehen meine Augen?" Didi Heisla sah unter Roberts Bett. Robert hatte in der Nacht mit seinen Mitzöglingen Eisenbahn gespielt. Er hatte SEINE Eisenbahn aus dem Gruppenraum geschmuggelt und unter dem Bett im Schlafraum versteckt, um diese stolz den anderen Jungs zu zeigen.

Didi Heisla bückte sich so recht und schlecht, holte die Schachtel mit der Eisenbahn hervor und hob den Schachteldeckel in die Höhe. Unter Husten und Räuspern fragte er: „Na so was. Wem gehört die Eisenbahn?" – „Mir, Herr Direktor." „Du weißt ja, dass Spiele im Schlafzimmer verboten sind?" – „Ja, Herr Direktor!" – „Ich kassiere jetzt die Eisenbahn ein. Du bekommst sie nicht mehr." Didi Heisla machte die Schachtel zu und verschwand mit Roberts Eisenbahn aus dem Schlafzimmer unter weiterem Gehuste. Robert ärgerte sich. Es half ihm nichts. Die Eisenbahn war vom Didi Heisla kassiert.

Rasches Anziehen, militärisches Bettenmachen und Sprechverbot wurden strikt vom Häusler beobachtet und waren von den Zöglingen einzuhalten. Wenn jemand im Parterre zum Sprechen anfing, beugte sich Häusler über das Geländer im zweiten Stock und hustete lautstark seinen berühmten Räusperer, der eher an ein lungenkrankes, schnaubendes Pferd erinnerte, als an ein menschliches Husten. „CHuuuuuuuuuuuust" – und im Parterre kehrte Ruhe ein.

Schnell mussten die Zöglinge vom 2. Stock hinunter in den Keller gehen. Im ersten Stock schlossen sich die Kinder der Gruppe an, die dort ihr Schlafgemach hatte. Ebenso schlossen sich die Kinder im Parterre der Gruppe an. Gemeinsam wurden sie vom

Direktor in den Keller begleitet, wo sich drei Waschbrunnen im ersten Waschraum befanden. Acht Kinder konnten sich bei einem Brunnen waschen und die Zähne putzen. Die anderen stellten sich hinten an. Die Brunnen gaben kein Warmwasser ab. Und wieder machte sich Häusler mit einem Hustenanfall bemerkbar. „Wenn ich bitten darf, ein bisschen schneller mit dem Waschen, meine Herren!", befahl er den Kindern. Häusler hatte sich in den Jahren seines Wirkens einen Respekt verschafft, machte den Kindern Angst.

Robert wunderte sich: „Komisch, dass wir vor dem Frühstück die Zähne putzen müssen!" – „Chuuust!", machte sich Didi Häusler bemerkbar. Robert war erschrocken und beendete das Gespräch. „Wieso müssen wir die Zähne vor dem Frühstück putzen?", grübelte er weiter.

Milchhaut

In Zweierreihen gingen die Buben einen Stock höher in den Speisesaal. Der Speisesaal hatte zwei Räume. Ein Raum fasste ca. 45 Kinder, der kleinere etwa 15 Kinder. Es wurde in zwei Partien gegessen. Die erste Partie war den Hauptgebäude-Kindern vorbehalten, die zweite den Nebengebäude-Kindern.
Auf einem Speisewagen schob Häusler einen Kapsch mit ca. 25 Litern Fassungsvermögen. Heute gab es heiße Milch mit Brot, auf das selbstgemachter Sardinenaufstrich geschmiert worden war. Das Rezept kannte Robert schon auswendig. Senna-Margarine wurden mit Öl-Sardinen vermengt und als Aufstrich verwendet.

„Igitt, die Haut von der Milch schmiert sich in meinem Mund", stellte Robert fest. Er mochte keine Milchhaut. Wenn die Milchhaut Falten warf und sich an den Becherrand legte, dann hätte Robert am liebsten gekotzt. Hüstelnd machte sich Häusler wieder bemerkbar. Robert sah zum Direktor hin und der Bissen Fischbrot blieb ihm vor Angst im Hals stecken. Häusler wandte sich wieder seinem Wagerl zu und schenkte mit einem Schöpfer die heiße Milch in einen Plastikbecher, um diesen an einen Zögling am Tisch weiterzureichen. Er konnte nicht geradestehen, sein Buckel verhinderte das.

Dürre

Das Erziehungspersonal übernahm die Kinder ihrer Gruppen, nachdem diese gefrühstückt hatten. Herr Blauer leitete wieder die Gruppe 10. Robert war froh, dass Nawurth heute frei hatte. Robert holte vom Direktor das Kuvert fürs Bad ab, eilte in die Küche. „Bitte für 15 Kinder Proviant und für mich bitte etwas zum Essen", lachte er. Käthe gab ihm ein Schmalzbrot, während Helli die Badverpflegung portionierte.

Diesmal gab es für jedes Kind eine ca. 10 cm lange Dürre, ein Brot und einen Apfel. Ein Kranz Dürre wurde vom Küchenpersonal in 10 cm lange Stücke geschnitten. Die Buben fuhren mit Blauer ins Baumgartner-Bad. Lautstark unterhielten sie sich in der Stadtbahn. Sie fanden auf der Wiese ein Fleckchen, wo sie sich umziehen konnten. Robert zog seine Badehose an. Er passte auf, dass ihm ja niemand etwas wegschaute. Ein wenig „gschamig" war er schon. Der Bademeister ging an der Gruppe vorbei. Robert kannte ihn bereits seit Jahren vom Baumgartner-Bad. Er hatte schon öfters mit ihm Federball gespielt. Peter zwinkerte Robert zu und hob die Hand zum Gruße. „Servus, Peter!", rief Robert und winkte ebenfalls mit der Hand. „Hallo, Robert!"

Er konnte es gar nicht erwarten, seine neue Freundin zu begrüßen. Ob er sie heute auch wieder küssen durfte? – „Hallo, Eva!" – „Servus, Robert! Wie geht es dir?" – „Danke. Gut, wenn ich bei dir bin." Roberts Herz pochte stark. Eva hatte seinen Kuss auf der Wange erwidert. Beide Kinder saßen auf dem Badetuch Evas. Robert bewunderte ihre Haare. Sie hatten sich im Winde etwas bewegt und leuchteten golden in der Sonne. Ihre blauen Augen sahen Robert an. Erst jetzt bemerkte sie, dass Robert etwas im Gesicht hatte. Sie streichelte Roberts Wangen. „Du hast ja Guggaschecken!", lachte sie. Robert wurde verlegen und lief rot an. An seine Sommersprossen hatte er nicht gedacht. „Robert, du brauchst dich nicht genieren. Ich mag dich so, wie du bist!" – Robert hatte seine Scham verloren. „Wo sind deine Eltern?" Robert war neugierig geworden. „Meine Eltern sind daheim. Ich darf alleine ins Bad gehen!" – „Echt? Wow!", wunderte sich Robert. „Der Badewaschl ist mein Onkel und passt auf mich auf." – „Ah, jetzt verstehe ich. Er hat mich vorher angelacht und hat mir zugezwinkert! Glaubst du, Peter sagt deinen Eltern was von uns?" – „Ich glaube nicht! Mein Onkel muss mich nur sehen, damit ich keine Dummheit mache – wie er immer sagt!", meinte sie nur.

Sie spielten Federball und sprangen ins Wasser, wann sie wollten. Nur die Mittagspause musste Robert in der Gruppe verbringen. Heimlich hatte Robert sein Brot und die Dürre nach der Pause mitgenommen. Er schnitt Eva ein Stück von der Dürren ab, brach ein Brot ab und reichte es Eva. Beide Kinder schmatzten herzhaft die Dürre mit dem Brot. Eva hatte Fanta gekauft und reichte Robert die Flasche zum Trinken.

Eva hatte Robert übers Heim gefragt. Robert wollte nicht vom Heim sprechen. Er wollte lieber etwas von Evas Zuhause wissen. Von Mutter und Vater, ja von der Familie K. Eva gab bereitwillig Auskunft. Dass der Vater einen höheren Posten als kaufmännischer Angestellter innehatte und ihre Mutter im Haushalt zu tun hatte. Dass sie die Wohnung wechseln müssen, hatte Robert stark getroffen. Er war besorgt, seine neue Freundin zu verlieren. – „Aber erst im nächsten Schuljahr!", beruhigte sie Robert. „Bis dahin werden wir uns hier treffen. OK?" – „Ja! Eva." – Robert war verliebt. Das erste Mal …

„Ich werde mit meinen Eltern sprechen, ob du uns besuchen darfst!", hatte Eva versprochen. „Dann darfst du mit uns Mittagessen. Ok?" Robert freute sich darauf. Beide tauschten die Adresse aus und versprachen, sich gegenseitig Briefe zu schreiben. Robert genoss den Tag, Eva und er verstanden sich auf Anhieb. Das macht ihn ein wenig stolz.

„Baba, Eva! Ich muss in meine Gruppe. Wir gehen ins Heim zurück!" Robert wurde ernst. Ihm grauste vorm Heim. „Baba, Robert!" Eva gab Robert einen schnellen Kuss auf die Wange. „Wir sehen uns wieder?" – „Ich denke schon, wenn unsere Gruppe ins Bad darf!" Zu schnell war der Tag vergangen. „Tschüss, Eva!" Robert winkte Eva zu.

Die anderen Kinder hänselten Robert. Sie hatten gesehen, wie Robert verliebt „seine" Eva angesehen hatte, wie sie gemeinsam ins Becken gesprungen waren und wie sie gemeinsam gegessen hatten. Robert war egal, was die Jungs sagten, er wollte Eva wiedersehen!

Die Gruppe fuhr wieder mit der Straßenbahn ins Heim. Robert dachte nur an Eva. Er war sehr glücklich. Das erste Mal mit einem Mädchen ein paar Stunden zusammen. „Mädchen sind gar nicht blöde!", stellte er fest.

„Igitt. Heute gibt es Brösel-Nudeln mit Marmeladesauce!", Robert wollte dieses Festmenü nicht verzehren.

Brief

Franz erster Dienst nach den freien Tagen begann damit, die Kinder zu fragen, wie sie die zwei freien Tage verbracht hatten. „Wir waren baden, Herr Erzieher!" – „Mit Herrn Blauer?" – „Ja, Herr Erzieher!" – „Ihr könnt jetzt spielen!" Franz sah in die Runde.

Robert hatte in der Nacht heimlich einen Brief an Eva geschrieben. „Liebe Eva! Ich freue mich, wenn wir uns wieder im Bad treffen. Ich habe Dich sehr lieb. Ich will vom Heim weg. Es gefällt mir hier nicht. Schreibe mir zurück und sende mir bitte ein Foto von Dir. Dein Robert." Den Brief hatte Robert gefaltet und in ein Kuvert gesteckt, welches an Eva adressiert war. Dieses Kuvert mit Brief steckte er sich in die Hemdtasche. Nawurth entdeckte den Brief. „Was hast du da, Volek?" – „Nichts!" – „Gib her da!" Schnell griff er in die Tasche und riss den Brief heraus. „Da schau! UNSER Herr ist verliebt!", spottete er beim Öffnen des Kuverts. Er las den Brief vor allen Buben laut vor. „Unserem Herrn gefällt es im Heim nicht!" Robert genierte sich. „Wenn du noch einmal an diese Eva einen Brief schreibst, dann wirst du nach Eggenburg wandern. Du Aas!" „Aua!" Mit der Faust hatte er auf den Brustkorb Roberts geschlagen. „Einmal noch so einen Brief. Dann wusch i di her, dass dir Hören und Sehen vergeht!" Er durchsuchte Roberts Taschen und entdeckte den Zettel mit Evas Adresse. Er zerriss den Zettel und stopfte die Schnipsel in Roberts Mund. „Da friss, du Aas!" – Robert spuckte die Papierschnipsel aus. Nawurth nahm die Schnipsel, ging ins WC und spülte das Papier runter … „Das Badengehen ist in nächster Zeit verboten! Bedankt euch bei Volek!" Lauter Unmut verbreitete sich in der Gruppe. „Immer wegen dem Volek werden die anderen bestraft …"

Jacobus

Ein neuer Erzieher war bei Nawurth zur Einschulung. Herr Jacobus war ein aus Holland kommender Erzieher. Sein Deutsch war mit dem holländischen Akzent verschmolzen und hörte sich echt lustig an. Robert war zum Schlafengehen im Schlafzimmer des Parterres im Hauptgebäude noch nicht umgezogen. Jacobus ermahnte Robert: „Ziehe dich bitte um und sprich nicht dauernd!" Robert stellte sich taub. – „Stell dich bitte auf den Gang", befahl Jacobus.

Robert wollte unbedingt sehen, wie weit er Jacobus sekkieren konnte, bis dieser „explodiert". „Ich sage dir zum letzten Mal, ziehe dich um und sprich nicht mehr, sonst kannst du auf dem Gang die Nacht verbringen!" Robert lachte in sich hinein. Was will „der" schon machen? Er schnellte ins Zimmer, schnappte Robert, hob ihn in die Höhe und wollte ihn aus dem Zimmer tragen.

„Brumm-Pfft", Jacobus ließ einen lauten Pfurz. Robert begann hellauf zu lachen. Auch Jacobus musste lachen und stellte fest. „Volek, du bist mir schon zu schwer!"

Gsched sei (Gescheit sein)

Mit zwölf Jahren besuchte er die erste Hauptschulklasse – er war in der zweiten Volksschulklasse sitzen geblieben. Diese wurde von Klassenlehrer Johann Frenk unterrichtet. Frenk war ein gewichtiger Mann mit einem stark vorgewölbten Bauch. Er war ca. 170 cm groß und wog sicher an die 110 kg. Auf seiner breiten Nase hatte eine Lesebrille Platz gefunden. Die Brille saß auf der Nasenspitze, als wolle sie immer herunterrutschen. Frenk korrigierte den Sitz der Brille mit seinem linken Zeigefinger, dabei wurde die Nase gerümpft.

Er war mit einer Schneiderin verheiratet, die im Heim die zerrissene Wäsche flickte und für die Heiminsassen immer ein offenes Ohr hatte. Ihr Wirkungsbereich war im Nebengebäude im zweiten Stock ein kleines Zimmer, während Lehrer Frenk in der Hackinger Schule seinen Dienst versehen durfte.

Robert tratschte im Unterricht, obwohl Frenk ein Sprechverbot für die ganze Klasse verhängt hatte. Die Schüler mussten in der Bastelstunde Bucheinbände und Hefteinbände selber kreieren und auf weißem Packpapier zeichnen und mit Kartoffeln, die eingeschnitten wurden, mit Wasserfarbe bedrucken.

„Dieser scheiß Kartoffeldruck will mir nicht gelingen", meinte Robert, als er den Kartoffelstempel auf ein weißes Packpapier für einen Bucheinband drücken wollte und die Farbe zu zerrinnen begann. „So ein Dreck." – „Was ist mir dir los, Volek?", versuchte Frenk Roberts Fluch zu ergründen. „Der Dreck geht net." – „Wie sprichst du?" Er eilte zu Robert hin, schob seinen dicken Bauch noch mehr nach vorne und stellte sich breitspurig vor Robert hin. „Rappelst, rappelst?", begann er Robert zu fragen. Sein Bauch schnellte immer wieder nach vorne, um Robert aus dem Gleichgewicht zu stupsen. „Gsched sein, ned bled sein", versuchte Frenk seinen eigenen Dialekt zu verwienerischen. „Am Bau haun's dir a Klampfen ins Kreiz", während sein Bauch, durch schnelle Rappelstöße, Robert umzuwerfen versuchte. „Du Krrrrrrrr!", er schnappte sich Roberts Kinn und formte es spitz. „Aua!" Robert war durch die Bauchstöße durch das Klassenzimmer gestoßen und an die Wand gedrückt worden. Die Klasse lachte hell auf.

Frenk vergaß ziemlich oft, dass die Kinder nachmittags einen Ausgleich zur Schule suchten und auf dem Hackinger Platz, neben der Schule, Fußball spielen wollten. Mathematik, Frenks Lieblingsunterrichtsfach, war bei den Zöglingen verhasst und wurde nur von ihm selber hoch gelobt. „Du musst rechnen lernen!", sagte er zur Klasse. Er suchte in der Klasse nach Bestätigung. „Willst du das?" Alle verneinten und kicherten.

Frau Frenk

Die Kinder tüftelten oft bis spät abends an den Hausaufgaben. Deutsch-, Mathematik- und Geografie Aufgaben waren von Frank ins Mitteilungsheft für den Erzieher als Pflichthausaufgabe eingetragen worden, die von den Kindern am Nachmittag gemacht werden mussten. Robert hatte eine Idee.

Er meldete sich beim Erzieher ab und eilte ins Nebengebäude. „Frau Frenk?" – „Ja Robert?" – „Frau Frenk, Ihr Mann hat uns heute so viel Aufgaben gegeben. Wir können nicht einmal Fußballspielen gehen." „Welche Aufgaben habt Ihr bekommen?", wollte Frau Frenk wissen. „Mathe, Deutsch und Geografie." Robert schaute Frau Frenk treuherzig an. „In Geografie sollen wir eine Landkarte von Österreich abpausen, anmalen und die Wirtschaft des Landes kennzeichnen." „A so a Blödsinn!", entgegnete Frau Frenk. „Na warte, ich werde mit meinem Mann reden", beruhigte sie Robert. „Geh in deine Gruppe und sage es deinem Erzieher: Die Geografie Aufgabe braucht ihr nicht machen. Das andere erledige ich mit meinem Mann."

Robert rannte in seine Gruppe, teilte dem Erzieher Frenks Entscheidung mit. Das Fußballspiel auf dem Hackinger-Platz konnte beginnen.

Privatfoto Robert Volek: Schule Hackinger Kai 15, 13. Bezirk

Lehrer Frenk war am nächsten Morgen etwas zeitiger in der Klasse und erwartete seine Schüler bereits. Das Morgengebet wurde schneller als sonst heruntergeratscht, wobei Frenks Hose seinen Schritt eingeengt haben dürfte, denn Frenk holte mit seinem rechten Fuß aus und benahm sich wie ein störrisches Pferd. Er schlug mit seinem Fuß aus, um die quälende Hose einzurichten, damit seine Männlichkeit nicht durch das Kleidungsstück beeinträchtigt wurde.

„… wie auch wir vergeben unseren Schuldigern und erlöse uns von dem Übel. Amen! Im Namen des Vaters und des Sohnes und des Hl. Geistes. Amen!" Er stampfte mit seinem Fuß leicht auf den Boden, als wollte er andeuten, froh zu sein, dass SEIN Übel nicht mehr spürbar ist und das Gebet, Gott sei Dank, beendet war.

„Setze dich nieder!", forderte er die Klasse auf. „Ich habe erfahren, dass du dich bei meiner Gattin beschwert hast, weil ich etwas mehr Hausübungen gebe." Er schaute mahnend in die Klasse. Über den Brillenrand suchte er Robert, hielt kurz inne. Sein Blick wanderte weiter zu den anderen Zöglingen. „Du weißt, dass man viel lernen muss, wenn man einen Beruf ergreifen will. Oder willst du als Hilfsarbeiter auf dem Bau arbeiten?" Alle Kinder verneinten. Frenk wurde etwas lauter. Sein Geifer war in den Mundwinkel zu sehen: „Da haun's dir a Klampfen ins Kreiz, wenn du bled bist. Du Krrrrrrr!" Er schüttelte seinen Kopf und murmelte etwas Unverständliches in seinen nichtvorhandenen Bart hinein. „Immer gsched sein, net bled sein!" waren die abschließenden, mahnenden Worte Frenks.

Was das „Krrrr" zu jedem Schlusse seiner pädagogischen Erziehungsmethode bedeuten sollte, hatte Robert zu hinterfragen versucht. Robert stellte sich vor, Frenk meinte „Du Kröte" und er wollte die Kinder nicht laut als Kröten bezeichnen. Daher war von ihm nur ein „Krrr" zu hören.

Abszess

Robert konnte nicht sitzen. Irgendetwas tat ihm an den Pobacken weh. Ja, höllisch weh. Ein roter Fleck wanderte um ein schwarzes Zentrum. Er drückte sanft auf die geschwollene Wunde. „Au!" Das tat weh. Er genierte sich, Erzieher Nawurth von seiner wehtuenden Wunde zu erzählen oder sie herzuzeigen. Nawurth merkte, dass Robert immer auf dem Stuhl herumwetzte und befahl ihm, seinen Hintern herzuzeigen.

„Wo hast du das Abszess her?" Nawurth schüttelte seinen Kopf. „Warte ich gebe dir ein Salicin-Spiritus rauf." Er hatte immer ein Fläschchen mit dieser klaren, brennenden Flüssigkeit, um kleine Wunden bei Zöglingen zu behandeln. Am liebsten behandelte Nawurth den Popo von Zöglingen und lachte immer, wenn diese sich vor Schmerzen etwas krümmten. „Aua!", rief Robert, „das brennt ja!" – „Halte still!", ermahnte er Robert. „Das Mittel wird das Abszess wegbrennen!", lachte er.

Letztendlich wurde das Abszess im Spital aufgeschnitten und mit einer Zugsalbe versehen. Jeden Tag drückte Schwester Paula an dem Abszess herum, um anschließend die Zugsalbe aufzutragen und Pflaster über die Wunde zu kleben. Unter heftigen Schmerzen kam das restliche Eiter aus der Wunde. Nach ca. sieben Tagen war nur mehr eine kleine Wunde zu sehen. Robert war froh, dass er keine Schmerzen mehr hatte.

Schwester Anna

Im Nebengebäude in der Nebenkanzlei war eine ältere Frau mit streng geknotetem, schwarzem Haar, mit Mehlspeisezähne – das sind vorstehende Zähne – als Strickerin, Helferin für Schwester Paula und für den Frühdienst im Nebengebäude tätig. Schwester Anna hatte ein kürzeres Bein, das sie zu einem hinkenden Gang zwang. Robert mochte ihre ruhige und besonne Art, mit Kindern zu sprechen. Nach dem Verbinden zog Robert sich die Schuhe an und ihm kam die Idee, Schwester Annas Hinken für die anderen Kinder zu kopieren. Schwester Anna war in die Kanzlei gegangen, um Verbandsmaterial für die anderen verwundeten Kinder zu holen.

Robert hatte ihr Gehen und Hinken nachgemacht. Er hinkte auf dem Gang auf und ab und schleuderte den linken Arm hinter seinen Körper, wie er es von Anna her kannte. Alle Kinder fingen zu lachen an. Robert hinkte weiter. „Tschief, schau!" – Robert hörte diese Warnung nicht. „Volek, Achtung, die Anna ist hinter dir!" Jetzt erst hatte Robert die Warnung gehört und begriffen. Er drehte sich um und wäre bald über Anna gestolpert.

„Robert!", begann Anna, „wir sehen uns nachmittags in der Kanzlei, ohne dass ich dich rufen muss. Hast du verstanden?" – „Ja, Schwester Anna!"

Robert klopfte an die Türe der Nebenkanzlei. Gott sei Dank, Direktor Häusler war in seiner Wohnung, um die Mittagspause einzuhalten. „Herein!" – „Schwester Anna, Sie haben mich in die Kanzlei zitiert!" – „Aja, Robert! Ich weiß!" Sie musterte Robert durch ihre Brille von oben bis unten und stellte fest: „Robert, du solltest Schauspieler werden. Du hast mich sehr gut nachgeäfft." – „Was habe ich?" Robert verstand nicht, was Anna meinte. „Du hast mich sehr gut nachgemacht, eben nachgeäfft!" – „Entschuldigen Sie bitte, ich wollte Sie nicht kränken!" – „Ach, das geht klar, Robert." – „Danke, Schwester Anna." – „Weißt du, wieso ich hinke?", begann Anna zu ergründen. „Nein, Schwester Anna!" – „Ich habe eine Kinderlähmung gehabt. Dadurch ist der rechte Fuß nicht mitgewachsen und kürzer geblieben." – Robert schämte sich, Anna nachgeäfft zu haben. „Entschuldigung!" – „Ist ok. Ich denke, du wirst solche Späße nicht mehr machen. Man äfft einen kranken Menschen nicht nach! – Und jetzt ab, in deine Gruppe." – „Auf Wiedersehen, Schwester Anna." Er schwor, kranke Menschen nicht mehr nachzumachen, während er ins Hauptgebäude ging.

„Hoffentlich hat Frau Helli ein Brot für mich", dachte Robert, als er durch die Küche in die Gruppe ging. „Geh, Käthe, gib dem Verhungerten da ein Schmalzbrot!", ordnete die Küchenchefin an. Robert verdrückte schnell sein Schmalzbrot und ging in seine Gruppe.

Hüpfende Hände

Robert wurde an einem Sonntagvormittag aus der Gruppe 10 zum Direktor gerufen. Das heißt, ein Läufer – ein Bote, auch ein

Zögling – wurde vom Direktor in die einzelnen Gruppen geschickt, um dem Erzieher oder der Erzieherin eine mündliche oder schriftliche Mitteilung vom Direktor zu überbringen.
Aber der Reihe nach …

Robert spielte „Mensch ärgere dich nicht". Die anderen Kinder spielten Quartett oder Tischbillard, unter der Voraussetzung, dass sie sich sehr leise verhielten. In einer Ecke saß der Erzieherspringer Charles Abeles, ein im Krieg verfolgter Jude – er hatte im Konzentrationslager Musik gemacht – am Tisch und beobachtete „seine" Kinder. Wie gerne würde Robert Erzieher Abeles auf der Quetsche von Erzieher Nawurth spielen hören.
Charles war Dirigent in einem Orchester und hatte den Erzieher-Beruf aushilfsweise angenommen, um während der freien Tage des Gruppenerziehers die Gruppe 10 zu übernehmen.

„Herr Abeles, spielen Sie uns bitte was auf der Ziehharmonika vor?" – „Na dann los!" Die Kinder saßen alle am Tisch des Erziehers. Robert Mecki nahm die Quetsche und schnallte sie um. Er hob den Resonanzkasten in die Höhe, sodass Abeles die Tasten berühren konnte. Die Hände Abeles hüpften lustig auf den Tasten umher. Die Linke spielte den Takt die Rechte die Melodie. „Du bist viel zu dick" Zwei, drei, vier … Alle schunkelten mit.

Ausgang

Es klopfte. „Herein!", sagte Charles. Mitten in der Tür stand der Läufer des Direktors. Er verhieß dem Erzieher, dass Robert zum Direktor kommen müsse, da sich ein Besuch angesagt habe. Das war ein herrliches Gefühl, welches in Robert aufgestiegen war. Er hatte Ausgang! Seine Mutti holte ihn vom Heim ab! Mit Freude war er zur Kanzlei des Direktors ins Nebengebäude in den ersten Stock gerannt. Außer Atem war Robert keuchend davor stehen geblieben.

Mit seinem Mittelfinger klopfte er an. Hustend und krächzend rief der Direktor mit seiner heiseren, verrauchten Stimme: „Herein!" Robert öffnete zaghaft die Kanzleitüre, sah etwas ängstlich durch den schmalen, geöffneten Türspalt und wagte gar nicht, die ganz in Nussbaum möblierte, ehrenvolle und geheimnisvolle Kanzlei zu betreten. Der dürre Direktor Rudolf Häusler guckte über seinen Brillenrand zu ihm und befahl ihm, in die Kleiderkammer zu gehen, um einen Filzanzug auszufassen. „Du wirst abgeholt", brachte der Direktor unter Räuspern hervor. Roberts Herz raste. Ja! Es raste vor Aufregung. ER hatte Ausgang!

Robert verließ rasch die Kanzlei des alten, grauhaarigen, Zigarren qualmenden Mannes.
Voll Stolz zog er diesen grauenvollen Filzanzug, der überall auf der nackten Haut zu kratzen und jucken begann, an, um „seinen" Ausgang innerlich zu feiern. Er rannte wieder zur Kanzlei und klopfte wiederum.

Wieder vernahm Robert das gehustete „Herein!" von der monotonen Stimme des „Buckligen" von Hütteldorf.

Wieder wagte er sich in die Höhle des Direktors, erspähte durch den Türspalt dessen schmächtige Gestalt im weißen Arbeitsmantel, der noch immer so in seinem Sessel saß, als hätte er sich in der Zwischenzeit gar nicht bewegt.

„Setz dich draußen vor der Kanzlei auf den Sessel, deine Mutter wird dich abholen kommen", krächzte der alte Mann, ohne seinen Blick vom Schreibtisch zu nehmen, zu Robert. Direktor Häusler bedeutete Robert durch Gesten, aus der Kanzlei zu gehen. Sein Buckel hob sich von der Sessellehne deutlich ab. Robert musste innerlich über diese Gestalt lachen.

Der ausgeblasene Zigarrenrauch juckte in Roberts Nase und er unterdrückte seinen Niesreiz. In Demutshaltung gehorchte Robert seinem Befehl. Er setzte sich auf den alten braunen Buchensessel zu dem kleinen Tischchen und wartete vor der Kanzlei.

Vier Stunden saß er schon beim Tisch, ohne dass ihn seine Mutti abgeholt hätte. Häusler öffnete die Kanzleitüre und befahl Robert, in die Küche zu gehen, damit er sein Mittagessen einnehmen konnte. Robert schlang gierig das Erdäpfelpüree mit klein geschnittener Extrawurst und ein Stück trockenes Brot in sich hinein, in der Hoffnung, dass seine Mutti ihn gleich abholen werde. Er rannte wieder von der Küche zu seinem Sitzplatz, wo er sich hinsetzte und immer auf die Kanzleitür starrte, ob der weiße Arbeitskittel des alten Direktors aus der Kanzlei herauskomme. Robert wartete, schaute auf die Kanzleitür, sein Blick wanderte wieder zum Tisch. Er spielte mit seinen Füßen, ließ sie baumeln und wartete …

Am Abend um 20 Uhr erschien endlich die dürre Gestalt des Direktors. Robert dachte: „Hast du über Nacht Ausgang?"– Räuspernd und hustend machte sich der Direktor bemerkbar. Robert wurde aus seinen Gedanken herausgerissen. Die dürren Finger des Direktors hielten Robert eine Mannerschnitte entgegen. Mit zittriger Hand überreichte er Robert die Süßigkeit.

„Du gehst wieder in die Kleiderkammer. Zieh dein Alltagsgewand an und geh in deine Gruppe. Deine Mutter hat angerufen, dass sie nicht kommt." Der Oberkörper des Direktors beugte sich noch mehr nach vorne und sein hoher Buckel kam noch deutlicher zum Vorschein. Robert stellte sich im Geiste vor, wie die Nase des alten Mannes im Stehen den Boden berührte. Häusler verschwand wieder, ohne den aufdringlichen, stechend riechenden Duft von „Pitralon" mitzunehmen. Robert versuchte, den widerlichen Gestank des Rasierwassers aus seiner Nase zu reiben.

Tränen schossen ihm aus den Augen und er begann zu schluchzen. Das Husten und Räuspern verschwand mit dem Direktor, hinter der sich schließenden Kanzleitür.

Portierloge

Didi Heisla redete mit Robert, wie immer krächzend und hustend: „Wenn du willst, Volek, dann darfst du Samstag und Sonntag in der Portierloge sitzen und mich anrufen, wenn Eltern ihre Kinder abholen."

Robert wollte nur weg von der Gruppe, da Nawurth auch samstags Dienst hatte. Seine freien Tage wurden auf Montag und Dienstag verschoben. „Deine Mutter holt dich eh nicht ab, somit kannst du etwas Nützliches tun." – Didi Heisla sah Robert über den Brillenrand an. „Willst du in die Portierloge?" – „Ja, Herr Direktor." – „Melde dich am Samstag um 8:00 Uhr bei mir in der Kanzlei."

Privatfoto Robert Volek: Direktor Rudolf

Robert klopfte an die Kanzleitür. „Herein!", klang es zwischen Husten und Räuspern. Der Bucklige saß in seinem Schreibtischsessel. Bald wird er vom Sessel gefressen werden, dachte Robert und schmunzelte übers ganze Gesicht.

„Na, dass du gut aufgelegt bist, freut mich!" Didi hatte Roberts Lächeln wahrgenommen. „Hier hast du ein Telefon und ein Heft und einen Bleistift." Er überreichte Robert die Utensilien, während er weitersprach: „Das Telefon musst du in der Steckdose anschließen. Dann kannst du mit der Ziffer 1 in die Kanzlei anrufen und mit Ziffer 2 die Küche erreichen." – Roberts Herz pochte. Er hatte noch nie so eine wertvolle Arbeit im Heim ausgeübt. – „Ins Heft trägst du die Kinder ein, die von den Eltern, Vater oder Mutter, abgeholt werden. In die rechte Spalte schreibst du Datum und Zeit ein. Wenn du das Telefon angeschlossen hast, machst du einen Testanruf zu mir." – „Ja, Herr

Direktor." – „Und ab mit dir." Didi wies Robert aus der Kanzlei. Robert ging den kleinen Berg zur Portierloge hinunter.

Links vom Schotterweg stand eine kleine Hütte mit einem kleinen hölzernen, grün angestrichenen Vorraum. Die knarrende Glastür war mit einem Schloss zugesperrt. Die eigentliche Arbeitsstätte „Portierloge" war ca. 4 m² groß, hatte ein kleines Fenster und einen Ofen rechts in der Ecke. Neben dem Fenster war eine Steckdose für das Telefon montiert. Vor dem Fenster stand ein kleiner Buchentisch mit einem Sessel. Links vom Tisch stand in der Ecke ein zweiter Sessel. Die Portierloge sah wie ein kleines Hexenhäuschen aus. Das Dach war zu gewuchert. Man konnte nur schwer die Dachziegel erkennen. Eine Telefonleitung war vom Dach der Portierloge direkt zu Didis Kanzlei gezogen worden und hing frei. Robert steckte den Stecker in die Dose. Er machte einen Probeanruf: Er hörte ein Husten und Räuspern durchs Telefon. „Herr Direktor, dies ist ein Probeanruf." – „Danke. Vergiss nicht, dass du um 12 Uhr essen darfst." – „Ja, Herr Direktor."

Jemand klopfte an die Pfortentüre. „Herein!", sagte er stolz. „Ich will meinen Sohn, den Fritz R. abholen." „Ich rufe gleich den Direktor an. Wollen Sie hier Platz nehmen?" – „Nein danke. Ich stehe gerne." – Aha, so sah also Fritzis Mutter aus. – Robert wählte auf dem Telefon die Eins. „Herr Direktor, Frau R. ist hier und will ihren Sohn abholen." – „Danke, R. wird gleich kommen", hustete der Direktor ins Telefon und beauftragte dann einen Läufer, Fritz R. zu verständigen, damit er gleich in die Portierloge gehen solle. „Frau R., Fritz kommt gleich herunter." – „Danke!" Frau R. griff ins Portemonnaie und gab Robert 5 Schilling. „Jö, danke!" Robert freute sich riesig. Er schrieb ins Heft: „Fritz R. von Mutter abgeholt, um 08:30 Uhr."

Bis 19 Uhr hatte er 20 Schilling „verdient"... Er steckte das Telefon ab, sah, ob die Portierloge rein war, und nahm das Heft mit dem Bleistift vom Tisch. Er sperrte die Türe zu und ging den kleinen Berg hinauf ins Nebengebäude. „Herein", erklang wie gewohnt die raue Stimme des Direktors. – „Wie kann es anders sein. Didi tschickt zu viel", stellte Robert fest. „Herr Direktor, hier sind Telefon, Ausgangsheft und Bleistift." – „Danke, du kannst in deine Gruppe gehen." Er übergab Robert eine Packung Manner Schnitten.

Privatfoto Robert Volek: Portierloge

Mit Freude ging er in seine Gruppe und gab dem Erzieher die zwanzig Schilling, um später damit etwas kaufen zu können.

Der Erzieher hatte ein kleines Büchlein, in welchem er den Geldfluss jedes einzelnen Kindes dokumentierte.

Speiübel

Robert McDermott war ein guter Freund von Robert. Robert war im Tagesraum und spielte mit anderen Kindern Auto-Quartett (Kartenspiel). Mecki, wie McDermott – ein Jahr jünger als Robert – genannt wurde, kam zu ihm. „Robert kommst mit mir? Ich zeig' dir was." „Was willst du mir zeigen?" – „Na komm mit. Wir treffen uns im kleinen Tagraum, ganz hinten."

Mecki war aus dem großen Tagraum gegangen. „Herr Erzieher, darf ich aufs Klo gehen?" – „Ja, aber du meldest dich wieder, wenn du fertig bist", meinte Abeles.

Was will Mecki mir zeigen? – Robert ging die zwei Stufen hinauf und den langen Gang ganz nach hinten. Links war eine Tür, hier war der kleine Tagraum mit seinen ca. 15 Quadratmetern. Robert öffnete die Türe. Mecki stand im Raum und rauchte. Das Zimmer war voll Qualm. „Wieso kannst du hier reingehen? Die Türe ist doch immer verschlossen." – „Hihi", lachte Mecki, „ich habe den Schlüssel vom Nawurth" – „Wieso darfst du rauchen?" – „Willst auch eine Zigarette?" – „Ich habe doch noch nie geraucht." – „Geh mach dich net an. Da rauch dir eine an."
Widerwillig nahm Robert die Zigarette von Mecki entgegen und sah den Glimmstängel an. „Das ist doch a Dreier", stellte er fest. „Von wem hast du die?" – „Von der Schwester Fini", lachte Mecki. „Sie gibt mir hin und wieder eine Zigarette. Da hast Feuer." Robert nahm die Zigarette in den Mund. „Pfui Teufel. Da fresse ich doch den Tabak." – „Du darfst die Zigarette doch nicht abschlecken", lachte Mecki.

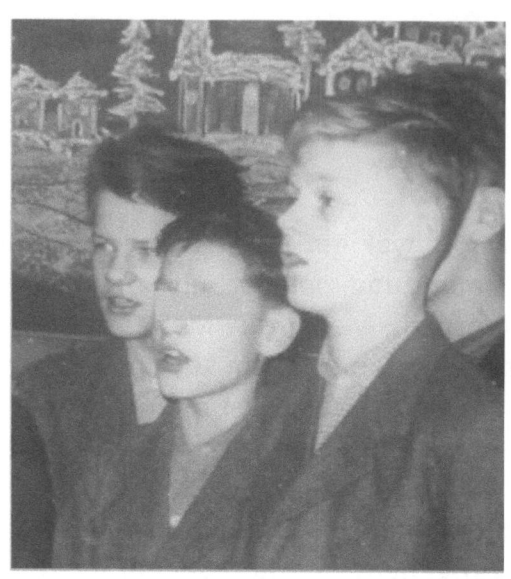

Robert „Mecki" und Robert Volek

„Dreh sie um und berühre sie nur mit den trockenen Lippen." Mecki hielt ihm die offene Flamme hin. Robert wischte sich den Mund trocken und zog zaghaft an der glühenden Zigarette. „Und? Was ist jetzt?" „Robert, du musst einen Lungenzug machen!" – „Was ist das?" – „Du ziehst bei der Zigarette fest an. Öffnest leicht den Mund und holst durch den Mund tief die Luft in dich hinein und nimmst den Rauch mit in die Lunge." – Robert machte, was Mecki von ihm verlangte. „Pfui, da mach ich mich ja an", brachte Robert hustend hervor und spuckte auf den Boden. „Stell dich nicht so an. Wenn du mehr Züge gemacht hast, gewöhnst du dich dran", schmunzelte Mecki. Robert wollte natürlich Mecki beeindrucken und zog mit mehreren Lungenzügen die Dreier in sich hinein. „Wow, mir ist schwindelig. Mir dreht's alles im Kopf." – Robert setzte sich hin. Mecki wurde etwas blass. „Wie geht es dir jetzt?" – „Ich glaube, ich muss kacken gehen. Mein Darm spielt verrückt."

Robert rannte aus dem Tagraum und gleich zum WC. Er wusste nicht, in welcher Reihenfolge er das Unwohlsein loswerden wollte. Er kotzte in die WC-Muschel und gleichzeitig war er hinten undicht geworden. Er spürte, dass er in die Unterhose gemacht hat. So zog er seine Unterhose aus, lief zum Waschbecken auf dem Gang, wusch seine Unterhose aus und hängte sie auf den Heizkörper in seinem Schlafzimmer. Mecki kam hinterher und meinte: „Robert, wirst sehen, bei der nächsten Zigarette wird dir nicht mehr so schlecht sein." Er klopfte ihm auf die Schulter, um sein Mitgefühl für ihn auszudrücken. Und verschwand.

„Herr Erzieher, ich melde mich vom Klo zurück." Robert setzte sich ganz hinten in die Ecke beim Fenster zum Tisch, um nicht aufzufallen. Um ihn drehte sich der ganze Tagraum.

Taschenmesser

Die zweite Hauptschulklasse wurde vom Klassenvorstand Hans Ripel geführt. Lehrer Ripel war ein Lehrer, der seine Schüler mit einem Lineal züchtigte und bei seinen Schülern daher auch nicht sehr beliebt war. Eines wollte oder konnte er nicht leiden – wenn man seinen Bleistift selber spitzten wollte.

Der Beginn der Zeichenstunde lief echt schief, stellte der 13-jährige Robert fest. „Verflixt! Meine Bleistiftmine ist abgebrochen!" Er suchte seinen Bleistiftspitzer in der Tasche. Endlich hatte er ihn gefunden. Ritsch, ritsch – spitzte er seinen Bleistift. Und schon hatte Ripel mit drei Fingern seine Nase umfasst und durch leichtes Zudrücken seiner Nasenlöcher ein hörbares Schnauben verursacht. Dieses Schnauben war für die Kinder ein Zeichen, dass er etwas aufgeregt war. „Was machst du da?", fragte er Robert „Ich spitze meinen Bleistift, Herr Lehrer!" – „Wer hat dir das erlaubt?" – „Wieso muss ich fragen?" – „Wenn deine Bleistift- oder Buntstiftmine abgebrochen ist, dann kommst du zu mir und ersuchst mich, ob ich dir den Bleistift spitzen will!" – „Das habe ich nicht gewusst, Herr Lehrer." Robert ging zum Katheder des Lehrers und übergab „feierlich" seinen Bleistift an Ripel. Dieser nahm das Taschenmesser, welches bereitgelegt worden war, um seine „Bleistifte" zu spitzen. Ripel schnitzte den Bleistift andachtsvoll spitz. Dabei schnaubte er durch seine Nase, als wäre er ein Pferd, das durch seine Nüstern bläst. Das Messer, welches zum Spitzen verwendet wurde, diente Rupp als Schneidewerkzeug für sein Roggen-Pausenbrot. Genüsslich verzehrte Rupp das kleingeschnittene Brot.

In Deutsch hatte die zweite Hauptschulklasse Lehrer Auer. Auer war ein Lehrer, welcher gerne mit seinen Augen andere, hauptsächlich verhaltensauffällige Kinder, hypnotisierte. War ein Schüler „schlimm", wurde er zum Pult des Lehrers gerufen, musste sich vor dem Lehrer hinknien und Auer tief in die Augen sehen. Ohne Zucken der Lider musste der Schlimme etwa 90 Sekunden in die Augen des Lehrers starren. Zuckte ein Lid nur einmal kurz auf, dann wiederholte Auer seine Augentherapie.

In Stenografie unterrichtete Lehrer Grud die zweite Hauptschulklasse. Seine Mundwinkel waren mit weißem Schaum ausgefüllt, sein Unterkiefer erinnerte an ein Pferdegebiss. Bei jedem Vorlesen eines richtig gelesenen Kurzschriftwortes ertönte ein lautes IJE, wobei das „I" stark betont wurde. Sein Geifer vermehrte sich zunehmend bei diesem IJE und wirkte echt abstoßend.

Postkarte

Robert hatte auf eine Postkarte Blumen gemalt. Er hatte seine Mutti zum Muttertag überraschen wollen und eine selbst gestaltete Postkarte nach Hause gesendet. An Frau Margarete

Volek, Fockygasse 40, Wien 12 schrieb er als Adresse. Absender: Robert Volek Seuttergasse 29, 13. Bezirk. Er freute sich richtig, malte rote Rosen auf die Karte. Über die Rosen hatte er geschrieben. „Für meine liebe Mutti"

Robert hatte nicht mehr an die Karte gedacht. „Volek!", klang eine Stimme im Speisesaal. „Ruhe, wenn die Post verteilt wird", sagte Nawurth.

„Volek, du hast Post, hole sie dir ab!", forderte Nawurth ihn auf. Robert nahm seine Post entgegen. Was musste er da entdecken?

Seine Postkarte steckte in einem Kuvert, das an ihn adressiert war. Robert war zornig. Seine Mutter hatte die Postkarte zurückgeschickt, weil die Adressenreihenfolge nicht der Norm entsprochen hatte und die Schrift nicht schön genug war.

„Schreibe die Adresse nach der Norm!", hatte Roberts Mutter auf einen Zettel geschrieben. „Deine Schrift fällt nach rechts!", las er weiter. „Ich werde nie wieder eine Karte an meine Mutter senden", schwor sich Robert in diesem Augenblick.

Er zerriss voll Zorn die Karte und warf sie in den Papierkorb …

bitte 4fach

BJA 12/B
Mj. Volek R.   Kdm. Hohe Warte   Wien, 24.7.63
     " Robert, 8.2.51   Parksan.Hütteldorf
Terminbericht
                  An die Kinderübernahmstelle

Die Km. wohnt weiterhin in Wien 12., Fockygasse 40/22. Seit Feber 1963 ist sie Hausarbeiterin im Lehrlingsheim Nussdorf und beginnt wieder sehr früh ihren Dienst. An eine Übernahme der Kinder denkt sie gar nicht, sie verbringt auch ihren Urlaub immer allein (oder mit Partner) ausserhalb Wiens und hat im Vorjahr nur Robert eine Tag zu sich genommen. Besucht werden die Kinder allerdings von ihr, zur Erleichterung hätte sie aber beide Kinder gerne im selben Heim (nicht jedoch Hütteldorf!) untergebracht. Die Km. zeigt kein Verständnis für Schwächen der Kinder, sogar jetzt, wo sie die Kinder nicht belasten, wendet sie äusserst harte Erziehungsmethoden an : Schlampig geschriebene Karten verärgern sie so, dass sie diese zurückschickt oder die Kinder dafür nicht besucht. Man gewinnt den Eindruck, dass sie weiter gern die "Hauptperson" spielt, ständig Unzulänglichkeiten in den Heimen findet aber selbst nicht gewillt ist, Zeit für die Kinder zu opfern. Es ist anzunehmen, dass sie die Kinder jahrelang in Gemeindepflege belassen wird.
Eine Übergabe an die Km. wäre nicht empfehlenswert.

                                    Für den Amtsleiter:

Privatfoto Robert Volek

Im Mündelakt steht, dass die Kindesmutter erzählt hat, dass sie Roberts Karte zurückgesendet hat, weil er nicht der Norm entsprechend die Adresse ins vorgesehene Feld geschrieben und die Schreibweise der Bezirke nicht korrekt angeführt hatte. Robert hatte statt 12., Bezirk Wien 12 geschrieben.

Rituale im Heilpädagogischen Kinderheim Hütteldorf

Robert Schwager war ein Springer-Erzieher für die freien Wochenend-Tage des Gruppenerziehers und hatte eine besondere pädagogische Erziehungsmethode.

So wie in einigen anderen österreichischen Bubenheimen gab es auch in Hütteldorf eine so genannte Watschen Straße (Ohrfeigenstraße). Bei diesem Ritual mussten sich 15 bis 25 Buben in einer Reihe auf dem Gang aufstellen und dem langsam vorbeigehenden „Wärter" Schwager – in Gestalt des Erziehers – eine Wange hinhalten, um eine „Watsche" zu erhalten, ohne Zucken oder die Augenlider zu bewegen. Zuckte er beim Verabreichen einer Ohrfeige vorher zusammen, wiederholte sich dieses Ritual, bis Robert und die anderen Zöglinge nicht mehr zusammenzuckten. Nach jeder „Watsche" mussten Robert und die anderen Zöglinge ein „Danke" aussprechen. Schwagers rechter Arm war im Krieg durch ein Geschoß verletzt worden. Dadurch konnte er die Handbeuge nicht gerade halten. Diese Hand war es hauptsächlich, die die Ohrfeigen verteilte. Mit der Beuge schlug er verkehrt auf die Wange, wodurch die Watsche mehr wehtat als mit der flachen Hand.

Liebend gerne erzählte Schwager von Trapper-Jagden und Fasan-Jagden. Robert hatte diesen Erzählungen keine Bedeutung gebilligt. Für ihn waren diese Geschichten nicht relevant genug, um beachtet zu werden.

Beliebt war auch die nach einem berühmten Skirennläufer benannte „Schranz-Hocke", mit waagrecht nach vorne gestreckten Armen und im rechten Winkel gebeugten Beinen, an der Wand lehnend, mit einem Schuhputzkistchen – ca. drei Kilo schwer – auf den ausgestreckten Armen.

Oder stundenlanges, nächtliches Auf-der-eiskalten-Stiege-Stehen in Unterhosen ohne Schuhwerk. Oder zehnmaliges Stufen hinauf – Stufen hinunter-Rennen, vom Erdgeschoss in den zweiten Stock, natürlich in Unterhosen. Oder die sogenannten Staffelrechnungen mit sechsstelligen Zahlen zum Multiplizieren und Dividieren, für die man viele Stunden brauchte. Oder das Abschreiben mehrerer Seiten aus einem Buch. Oder das 200-fache Aufschreiben des Satzes: „Ich soll den Erzieher nicht damit ärgern, dass ich ihn mit einer Frage belästige, die ich gar nicht stellen darf." Oder, hundert Mal schreiben: „Ich darf in der Aufgabenstunde nicht sprechen." Dadurch hatten die Zöglinge einen Stil beim Schreiben entwickelt, der das Strafeschreiben etwas erleichterte: „Ich, Ich, Ich" wurde untereinander bis ans Seitenende geschrieben. Es folgte daneben „darf, darf, darf" usw. Die Form der Schrift und der Seitenansicht lässt erahnen, wie die Strafe geschrieben wurde. Ein Muster kam zum Vorschein. Natürlich musste dann die Strafe wiederholt werden, da einige Erzieherinnen und Erzieher diese so nicht annahmen.

Anita

Schwester Anita hatte besondere Strafmethoden entwickelt. Sie bastelte aus vier dünnen Drähten, die geflochten wurden, eine etwa 50 cm lange Peitsche, deren Ende nicht geflochten waren. Die Enden hatten starke Knoten. Diese dienten dazu, dem schlimmen Zögling mehr Schmerzen zuzufügen.

„Otto, komm her!", rief Anita Roberts Freund zu sich. „Was habe ich gemacht?", wollte Otto wissen. „Du sollst zu mir kommen und nicht so viel fragen." – Otto ging zu Anita. „Schuhe ausziehen und die Strümpfe gleich mit ausziehen", befahl Anita. Otto gehorchte widerwillig. Zu zwei Mitzöglingen sagte sie: „Ihr haltet Ottos Fuß in die Höhe, sodass seine Fußsohle zu mir schaut." Mit festem Griffe schnappten sie Ottos Fuß und hielten ihn mit Gewalt nach oben. Anita nahm ihre selbstgebastelte Peitsche und schlug mit ihr kräftig auf die Sohle. „Eins, zwei, drei, vier, fünf!" - „Du kannst ruhig mitzählen Otto." Ermahnte sie ihn.

Otto hatte Striemen auf den Sohlen und auf dem Rist waren blutige Furchen und kleine Löcher von den Knoten reingeschlagen worden. Das war selbst Otto zu viel. Er musste sich beherrschen, um Anita nicht zu verprügeln. Mit schmerzverzerrtem Gesicht durfte er sich die Strümpfe und Schuhe anziehen. Otto hatte Tränen in den Augen … „Ich hoffe, dass du nächstes Mal das Sprechverbot einhalten wirst!", ermahnte Anita Otto.

(Anmerkung: Der Autor wählte bewusst den Vornamen seines Freundes, da Otto seinen Familiennamen nicht im Buch veröffentlichen will)

Schwester Anita war auch berühmt dafür, ihre Beine von Schutzbefohlenen massieren zu lassen. Für diese Massage stellten Zöglinge zwei Sessel unter den Tisch. Zwei Kinder mussten auf dem Fußboden Platz nehmen, während Anita ihre gespreizten Beine auf die Sessel legte. Die Schutzbefohlenen massierten die Beine. „Hoch, hoch und höher, ja immer höher!", massierten sie die Schienbeine bis hinauf in den Schritt Anitas.

Anita genoss es sichtlich mit geschlossenen Augen, verwöhnt zu werden … Leise stöhnte sie. Den Kindern gefiel die Vorstellung und die Reaktion Anitas nach der Massage.

Zatopek, Erziehungshilfe Nawurth

Schläge auf Finger, Handrücken und Handfläche, auf den blanken Hintern oder auf die Fußsohlen machten Robert Angst. Er fragte in der Aufgabenstunde den Erzieher – natürlich, ohne ein Handzeichen zu geben –, wie die Rechenaufgabe zu lösen sei.

„Hast du aufgezeigt?" – „Nein, Herr Erzieher." – „Wieso sprichst du dann? Wer hat dir das Sprechen erlaubt?" – Robert wurde bockig. Die Stimme des Erziehers wurde lauter. „Wieso sprichst du unaufgefordert?" – „Ich weiß es nicht." – „Fünf Schläge mit dem Zatopek. Komm zu mir und strecke deinen Arm aus. Handfläche nach oben." – „Au, au!" – „Keinen Mucks, oder du bekommst mehr Schläge. Volek, mitzählen!" – „Eins, aua, zwei ..." Robert zuckte mit der Hand leicht weg. Die Handflächen hatten zu brennen angefangen und wurden rot. „Das nächste Mal hebst du deine Hand. Verstanden?" – „Ja, Herr Erzieher." – „Setz dich nieder."

Das In-der-Ecke-Stehen hinter dem Ofen, der dann extra eingeheizt wurde, bis man ins Schwitzen kam und fast ohnmächtig wurde, war eine besondere Erziehungsmethode von Nawurth.

„Die Decke" – die Anweisung des Erziehers an die Gruppe, einem Kind die Decke überzuwerfen und dieses gemeinsam zu verprügeln – wobei der Erzieher den Raum verließ, um nichts zu sehen. Wurde der Zögling verletzt, hatte der Erzieher eine Ausrede parat: „Ich war auf dem WC. Ich habe nicht gehört, dass es in der Gruppe laut war. Wahrscheinlich ist Zögling XY gestürzt und hat sich dabei verletzt."

Beliebt war auch die Luftzufuhr abzusperren, durch gleichzeitiges Zuhalten der Nase und des Mundes, damit die Zöglinge keine Luft bekamen und um Luft ringen mussten. Es gab auch schon unter dieser Erziehungsmethode bewusstlos gewordene Zöglinge, die mit kaltem Wasser ins „Leben" zurückgeholt wurden. Natürlich durften die Zöglinge kein Wort darüber verlieren, um nicht bestraft zu werden.

Hauptschule

Im Zuge einer Anpassung wurde die Hauptschule Hackinger Kai in eine Volksschule umgewandelt. Robert war in der 7. Schulklasse – er machte ein freiwilliges 9. Schuljahr – und Otto, sein Freund, ging in die gleiche Klasse.

Lehrer Erich Praukitsch unterrichtete die 7. und 8. Schulstufe. Während eine Klasse still und leise Aufgaben machen musste, wurde in der anderen Klasse mündlich der Lehrstoff durchgegangen. Die 8. Stufe Volksschule – es waren nur vier Schüler – musste in die Amalienschule gehen und wurde von Schwester Emma in die Schule begleitet. In der Amalienschule wurden die Schüler abgeprüft und beim Bestehen der Prüfung als Hauptschüler anerkannt und beurteilt.

Ybbs Persenbeug

War Direktor Häusler (Didi Heisla) mal gut gelaunt, bewilligte er kleine Ausflüge, die ein Erzieher oder Lehrer mit den „bravsten" Zöglingen gestalten durfte. Die Kinder fieberten immer diesem Tag entgegen, der vom Direktor lautstark verkündet wurde, damit die Kinder braver waren, um bei diesem Ausflug mitfahren zu dürfen.

Alle wussten, dass dieser Tag ein besonderer sein wird. Eine kleine Stange Dürre für zwei Kinder und trockenes Brot sowie ein Apfel wurden für diesen besonderen Ausflug als Reiseproviant mitgegeben. Dazu durften die Kinder ein Kracherl, welches der Erzieher aus der Reisekasse bezahlen würde, trinken.

An einem Donnerstag hatte es Reisfleisch und Gurkerln zum Essen gegeben. Der Papp wollte nicht und nicht durch Roberts Speiseröhre rutschen. Mühselig würgte er das Reisfleisch, welches im Mund immer mehr wurde, runter. Aber er musste wohl oder übel essen, da heute der Tag gekommen war, an dem die Jungs erfahren würden, wer an dem Ausflug teilnehmen durfte.

„Wilhelm K., Fritz R., Ernst R. und Robert Volek zum Herrn Direktor in die Kanzlei!", hatte Robert während des Hinunterwürgens der Speise vernommen. Er schluckte, ohne zu kauen seinen Papp hinunter und stand vom Tisch auf, um sich mit den anderen in einer Zweierreihe bei der Tür aufzustellen. Der Erzieher ging mit den Buben ins Nebengebäude zum „Didi Heisla".

„Herein!" Dieses Hüsteln kannte Robert bereits. Jedes Mal zuckte er ängstlich zusammen, wenn er dieses unnatürliche Geräusch vom Direktor hörte. „Ihr dürft mit Herrn Lehrer Praukitsch nach Ybbs Persenbeug fahren", verkündete der Direktor mit rauchiger Stimme, um unter Husten und Räuspern fortzufahren: „Seid bei diesem Ausflug ja brav und ärgert Herrn Lehrer Praukitsch nicht, sonst war es der letzte Ausflug für euch!" Sein dürrer Zeigefinger erhob sich warnend, während er über den Brillenrand hinweg die Zöglinge angesehen hatte. Sein Buckel schien noch größer zu werden, nachdem er diese Worte an die Kinder gerichtet hatte. – „Wir sind eh brav, Herr Direktor!", fiepten die Jungs. „Wartet auf dem Gang vor der Kanzlei. Herr Praukitsch wird gleich hier sein." Mit einer Handbewegung deutete er zur Türe und ließ seinen schmächtigen, dünnen, im weißen Arbeitsmantel steckenden Körper in den Chefsessel gleiten. Genüsslich zog er an seiner qualmenden Zigarre und hüstelte weiter.

Robert durfte neben Praukitsch sitzen. Der weinrote DKW tuckerte ruckelnd von der Wienzeile auf die Westautobahn. Für Robert war es der erste Ausflug in einer kleinen Gruppe. 80 km/h. 90 km/h. Zitternd stieg der Zeiger in 100 km/h-Nähe. Robert sah vom Tacho zum Fenster. Ui, die Bäume flitzten an seinem Fenster vorbei. Im Auto war es sehr still. Keiner sprach ein Wort. Ratternd unterbrach der Motor die Stille im Wageninneren. Robert bewunderte Praukitsch, als er gekonnt die Kurven schnitt. Er bewunderte die Fahrweise von ihm. Bewunderte ihn, wenn er die Gänge schalten musste. Er bewunderte alles, die vorbeiflitzenden Bäume, das ratternde Geräusch des Motors, ja das Auto überhaupt.

Robert würgte und würgte. Sauer schmeckende Flüssigkeit war vom Magen aufgestoßen worden. Roberts Gesicht begann sich weiß zu verfärben. Kalter Schweiß stand ihm auf der Stirne. Er würgte weiter, schluckte seinen bitter schmeckenden Mageninhalt wieder hinunter. Er traute sich nicht zu sprechen. Er hatte Angst, das Essen wieder zu erbrechen.

Nun war der Mageninhalt draußen und noch ein Schwall wurde von Roberts Magen hinausgedrückt. Ihm war hundeelend. Er dachte, die letzte Stunde habe für ihn geschlagen. Praukitsch bremste sein Auto auf dem Pannenstreifen ab. – „Rülps" war Roberts Antwort auf diese Vollbremsung und er übergab sich noch einmal.

„Bist du blöd geworden?" Praukitsch war sichtlich geschockt und erzürnt, dass Robert „seinen" Wagen verschmutzt hatte. Am liebsten hätte er Roberts Gesicht ins Erbrochene getaucht. „Bist du von allen guten Geistern verlassen?" – „Aua" Robert hielt sich sein Gesicht. „Autsch!" Nochmals bekam Robert eine Ohrfeige ins Gesicht gedrückt.

Robert weinte. Zorn vermischte sich mit der Übelkeit und den Tränen, die Robert über die Wangen rannen. Praukitsch überreichte Robert einen Fetzen. Robert hatte mühselig sein Erbrochenes im Auto mit dem Reinigungstuch verteilt. „Meine Tochter sitzt auch vorne, aber sie hat noch nie erbrochen. Das würde mir noch fehlen. Aber du hast erbrochen? Du bist echt eine Sau!", schmetterte Praukitsch seinen Wortschatz Robert entgegen.

Praukitsch nahm schließlich den Fetzen selber in die Hand, um sein Auto notdürftig zu reinigen und stellte nur fest: „Des derf do net wahr sein. Dieser Depp speit in mein Auto, ohne dass er vorher sagt, dass ihm schlecht ist. Meine Tochter darf das nicht!" Robert schämte sich. Die Fahrt endete bei einer Tankstelle, wo Praukitsch und Robert den Wagen reinigten, während die anderen genüsslich ihr Kracherl trinken durften. Ypps Persenbeug wurde aus Zeitmangel nicht mehr besichtigt.

Religion

Eine sehr junge Religionslehrerin war mit dem Direktor in die Klasse gekommen. Direktor Lang stellte seine neue Kollegin Ratatits der Klasse vor, hielt eine Ansprache über gutes Benehmen und verließ das Klassenzimmer. Robert starrte sie an. „Wow, ist die geil!", stellte er fest und drehte sich zu Otto hin. Otto und Robert hatten im selben Zimmer geschlafen. Beide hatten Unterricht im gleichen Klassenzimmer. Otto meinte: „Jo, de is geil!"

Rattatits sprach zur Klasse: „Meine lieben Kinder!" Sie sah die Kinder an, als wolle sie alle umarmen. Der Duft ihres Parfums, ihre roten Lippen, die dunklen Haaren, der Oberkörper, ihre Füße … Robert war ein wenig verwirrt. „So a Katz hama no nie g´sehn, gell Otto?" – „Jo, des stimmt", stellte auch Otto schmunzelnd fest.

„Ich wollte euch noch sagen, dass ihr mich fragen könnt, was ihr wollt. Ich werde eure Fragen stets beantworten." Sie meinte sicher, dass die Kinder jegliche Fragen zur Religion stellen dürften.

Otto zwinkerte Robert zu: „Frau Lehrerin, darf ich etwas fragen? – „Ja bitte!" – „Ich weiß nicht, wie ich anfangen soll!", täuschte Otto der jungen Frau vor, Fragen stellen zu wollen. „Na los, frage mich!", forderte Rattasits Otto auf. – „Ähm, Frau Lehrerin, wie macht man Kinder?" – Robert schob mit einer Frage nach: „Wo kommen die Kinder raus?" Rattasits errötete. Ihr hatte es die Sprache verschlagen. Otto und Robert zwinkerten sich zu und brillierten.

Ohne Worte ging Rattatits zu ihrem Katheder, setzte sich und forderte die Klasse auf: „Bitte Religionsbuch Seite XY aufschlagen ..."

Strafe stehen

Es war gang und gäbe in Hütteldorf, dass Zöglinge, die in Ohnmacht gefallen waren, für diese Ohnmachtsanfälle bestraft wurden. Die Ohnmachtsanfälle wurden durch stundenlanges Strafe stehen – Essensentzug, kein Wasser trinken lassen, wenn es der Körper verlangte – verursacht.

Dem Erziehungspersonal war es egal, wenn ein Kind ohnmächtig wurde. Er wurde halt mit kaltem Wasser geweckt oder mit Watschen munter geschlagen. Zöglinge mussten miteinander bis zur Bewusstlosigkeit, im Beisein und unter „Aufsicht" des Erziehers Dörfler, ringen. Den anderen in den Schwitzkasten nehmen, bis der Unterlegene die Gesichtsfarbe wechselte und ohnmächtig wurde. Erzieher Dörfler schüttete den Ohnmächtigen kaltes Wasser ins Gesicht, ohrfeigte sie und gab den am Fußboden liegenden Zöglingen sogar Fußtritte, anstatt ihnen Nahrung oder eine Stärkung für den Kreislauf zu geben. Der

Sieger wurde von Dorfler gelobt und erhielt einen Apfel als Siegespreis. Gnadenhalber durften die Zöglinge vielleicht mal Wasser trinken. Robert hatte es selber in Hütteldorf miterleben müssen und Angst davor gehabt, in die Gruppe des Erziehers Dorfler eingeteilt zu werden. Wer sich darüber wunderte oder sich beim Erzieher darüber beschwerte, wie dieser die ohnmächtig gewordenen Kinder behandelte, bekam auch gleich Prügel oder wurde für eine spätere Bestrafung „vorgemerkt" (Punkteheftchen), um dann in der Nacht halbnackt und ohne Fußbekleidung auf dem Gang oder den Stufen stundenlang zur Strafe stehen zu müssen.

Das Beaufsichtigen von Strafen wurde auch von anderen Erziehern durchgeführt und beobachtet, die nicht die Kommunalstrafe oder Einzelstrafe ausgesprochen hatten.

Oide Drecksau

Im 2. Stock des Hauptgebäudes stand Erzieher Nawurth übers Geländer gebeugt, um zu sehen, ob seine „Schäfchen" auch ordentlich auf den Stufen standen – jedes Kind auf einer Stufe, mit dem Gesicht zur Wand –, um sich an den halbnackten Kinderkörpern zu erfreuen, die nur in Leinenunterhosen und ohne Schuhe die Strafe verbüßen mussten. Mit den Händen in den Hosentaschen spielend und hochrotem Gesicht beobachtete Nawurth die stehenden Kinder und keuchte, als hätte er Asthma oder andere Lungenkrankheiten. Robert fand es echt widerlich und zum Kotzen, dass er und andere Zöglinge als Lustobjekte auf den Stufen oder auf dem Gang stundenlang stehen mussten und sich der Erzieher an den jungen Körpern nicht satt sehen konnte.

„A so a oide Drecksau", kam es leise aus seinem Mund, während er sich zum Vordermann wandte.

„Wer hat da gesprochen?", schrie Nawurth die Zöglinge an. Niemand meldete sich. „Ich frage noch einmal, wer hat da gesprochen?" Robert spürte den bohrenden Blick des Erziehers im Nacken. „Ich frage zum letzten Mal, wer hat gesprochen?" Stille war auf dem Stiegen Aufgang, keiner beantwortete die Frage. „Wenn sich der Sprecher nicht meldet, dann werden alle eine Strafe schreiben und der Nachmittag wird zum Strafeschreiben herangezogen und nicht zum Spielen."

– „Ich", quetschte Robert heraus. „Wer ist, ich?" – „Ich, Volek." Robert zeigte auf. – „Komm her zu mir." – „Autsch" schrie Robert, als er eine Ohrfeige von ihm erhalten hatte. Die zweite folgte gleich. „Auf Schwächere können Sie eindreschen." Ärgerte sich Robert. Das war dem Erzieher zu viel. „Ich möchte kein Wort von euch hören." Er schnappte Roberts Arm und zerrte ihn zum Waschbecken am Gang. Er drehte den Wasserhahn auf und steckte den Abflussstoppel in den Ablauf des Beckens. Mit Gewalt tauchte er Roberts Kopf in dieses Becken. Wasser verhinderte Roberts natürliches Atmen. Er glaubte zu ertrinken und hatte Todesangst …

*Privatfoto Volek - Stufen rauf und runter 2 Stockwerke,
oder Strafe stehen auf den Stufen, mit dem Gesicht zur Wand.
Gut zu erkennen, die Dachschräge, die auch im zweiten Stock ist*

Kopfwäsche

Robert vernahm nur mehr ein Blubbern in seinen Ohren und sein Gesicht war bis zum Waschbeckenboden ins Wasser eingetaucht worden. Er kämpfte verbissen ums Überleben, bekam keine Luft mehr. Er vernahm nur mehr Wortfetzen des Erziehers, der noch immer mit voller Kraft den Kopf des Zöglings ins

Becken tauchte, und er hörte nur mehr das Rauschen des Wassers in seinen Ohren. Endlich durfte Robert etwas Luft schnappen, um gleich darauf wieder mit dem Kopf ins Wasser getaucht zu werden. Dieses Procedere wiederholte sich vier, fünf Mal. Die Zeit des „Ertränkens" war für Robert unendlich lange. Er hatte Todesängste ausstehen müssen.

„Wirst du jetzt das Sprechverbot einhalten, oder soll ich dir noch einmal deinen Kopf waschen?" Nawurth zog Roberts Kopf aus dem Wasser. „Ja", antwortete Robert. Er zitterte am ganzen Körper. Angsttränen vermischten sich mit Leitungswasser. „Stell dich auf deine Stufe im Stiegenhaus. Und wehe ich höre noch einen Ton von dir." Nawurth stellte sich wieder zum Handlauf und beobachtete Robert genau. Robert zitterte am ganzen Körper. Zorn und Angst vermischten sich mit der Ohnmacht, gegen diesen Erzieher nichts ausrichten zu können.

Der Erzieher suchte sich für die Kopfwäsche die geeigneten Becken aus. Klomuscheln dienten dazu, die Strafe für schlimme Kinder noch härter zu machen. Der Kopf wurde in die Muschel eingetaucht und Nawurth zog an der Schnur am Spülkasten, um Wasser in die Muschel zu lassen. Dabei rann das Wasser in Nase und Ohren, da die Nasenlöcher nach oben gerichtet waren. Schreien konnte Robert auch nicht, da sonst Wasser in den Mund eingedrungen wäre und die Gefahr bestand, Wasser in die Lunge zu bekommen.

Wiener Fenstersturz

Im 2. Stock, im Hauptgebäude, waren die Schlafzimmer, das WC, ein Waschbecken am Gang, Tagräume und Dienstzimmer für das Personal untergebracht.

Privatfoto Robert Volek: Erz. Franz

War ein Zögling „schlimm", dann durfte dieser gleich vor der Dachschräge mit dem Bauch fest an die Schräge gedrückt Strafe stehen. Natürlich mussten die Füße ebenso an die Wand gedrückt werden. Damit war der Oberkörper nach hinten gewölbt. Der Rücken bildete ein Hohlkreuz. Es gehörte viel Geschick dazu, das Gleichgewicht zu halten. Am liebsten war es dem Erzieher, wenn man nur mit Unterhosen bekleidet mit dem Bauch gegen die Dachschräge drückte. Verlor ein Kind das Gleichgewicht, wurde es gleich mit dem Kopf ins volle Waschbecken gedrückt. Begann der Zögling zu weinen, wurde ihm die Luft mit der Hand, durch das gleichzeitige Zuhalten von Mund und Nase, abgesperrt.

Robert wurde wegen Nichteinhalten des Sprechverbotes im Schlafzimmer von Erzieher Nawurth ermahnt. „Immer geht er auf mich los", murrte Robert in sich hinein. „Was hast du jetzt gesagt?" – „Nichts, Herr Erzieher." – „Lüg mich nicht an. Ich will wissen, was du jetzt gesagt hast." – Ich habe gesagt, dass Sie immer auf mich losgehen. Das ist ungerecht." – Nawurth pfauchte: „I wusch di her, du Trottel", schnappte Robert unterm Arm, ging zum Fenster, öffnete es und sagte: „Kennst du den Wiener Fenstersturz?" Er hielt Robert zum Fenster hinaus.

Robert hatte Angst, dass Nawurth ihn auslassen würde. Er zitterte am ganzen Körper. „Hast ausgesponnen?" – „Ja, Herr Erzieher." – „Gibst jetzt eine Ruhe?" – „Ja" – Langsam wurde Robert wieder vom offenen Fenster ins Schlafzimmer zurückgezogen.

„Weißt eh, warum?"

Erzieher Franz Nawurth hatte aber noch weitere „Heilpädagogische Erziehungsmethoden" auf Lager. In der Nacht, es war ca. 23:00 Uhr, kam er ins Schlafzimmer zu Robert und begann sich mit Roberts Geschlechtsteil zu beschäftigen. Robert wurde wach und fragte: „Was soll das?" – Er hielt Robert den Mund zu. Dann befahl er dem Kind: „Jetzt kommst mit!" Robert folgte ihm in den Tagraum. Er war irritiert, da er nicht wusste, warum er in den Tagraum befohlen wurde. Er sollte – ja er musste – sich auf Nawurths Knie setzen. Dieser begann Roberts Mund mit seinem Mund zu suchen und drückte Robert seine Zunge in den Mund, während seine Hand in den Schritt Roberts fasste. Der Bart des Erziehers stach seine Wangen und Robert hielt seinen Mund fest verschlossen. Robert ekelte es und er musste husten. Er riss sich von Nawurth los und sagte: „Herr Erzieher, ich will das nicht!" Nawurth war darüber sehr erbost und versprach Robert Rache: „Warte nur, du wirst es bereuen." und

Privatfoto: Hauptgebäude. Dachfenster diente für den „Wiener Fenstersturz"

weiter: „Schleich dich in dein Zimmer. Ich will nichts mehr hören. Verstanden?" – „Ja", sagte Robert eingeschüchtert und „schlich" sich aus dem Tagraum.

Doch am nächsten Abend gab es ein Nachspiel. Robert hatte wieder gequatscht, obwohl Sprechverbot war. Nawurth kam in Voleks Schlafsaal und begann, mit Fäusten und mit einem ausgezogenen Schuh auf ihn einzuprügeln. „I wusch di her. Du Aas!" Er schlug auf Robert ein. Als Robert vor Schmerzen aufbrüllte, nahm der Erzieher das Kopfpolster und drückte diesen gegen Roberts Gesicht, bis das Kind glaubte, zu ersticken. Robert hatte Todesangst und rang nach Luft. Nawurth drückte das

Polster immer fester ins Gesicht. „Ich möchte keinen Ton hören, Volek!" – Robert war immer leiser geworden. Ihm fehlte die Luft zum Schreien. „Gibst jetzt a Ruah?", fragte er" – „Mpfff", kam undeutlich die Antwort. Robert konnte nicht sprechen. Endlich hatte Nawurth das Polster vom Gesicht genommen. Robert war schwindlig und er atmete sehr schnell.
Und dann die Frage: „Du weißt eh, warum, Volek?"

Nein, Volek wusste es nicht. Er wollte nicht zugeben, dass er gesprochen hatte. Also begann die Prozedur von vorn und dann endlich „fiel" es dem Buben ein: „Ja, ich weiß es!" – „Und, wirst dich jetzt zusammenreißen?" „Ja", Robert war eingeschüchtert. Die anderen 15 Buben im Schlafsaal wussten nicht, worum es bei der Sache ging, aber alle hörten zu. Spät in der Nacht kam Nawurth wiederum ins Schlafzimmer. Robert hatte Angst und tat alles, was von ihm verlangt wurde. Er wurde von ihm geküsst, während Nawurth sein Geschlechtsteil aus der Hose rausgezogen hatte. „Befriedige mich!", hauchte Nawurth. Robert begann ihn zu befriedigen. „Wehe, du sagst ein Wort!", ermahnte er Robert, als er befriedigt war. „Jetzt geh in dein Schlafzimmer, und wehe ich höre ein Wort. Dann wirst mich kennenlernen", ergänzte er seine Einschüchterung. Robert sah auf die Uhr. Es war schon fast 24:00 Uhr! stellte er fest. Robert war froh, dass Nawurth so schnell befriedigt war. Er kann diesen Menschen nicht mehr leiden ... Er ging sich seine Hände waschen und legte sich ins Bett. Er konnte die ganze Nacht nicht schlafen ...

Im Jugendakt steht Folgendes:

„Robert ist mit viel pädagogischem Geschick und List zu täuschen, damit er funktioniert. Er ist misshandlungsgefährdet"
Unterzeichnet: Dr. K und Dr. P

Erziehungsmethoden in Hütteldorf und in der Sonderschule der Stadt Wien

Im Hütteldorf-Heim war ein Erzieher und Lehrer, der Buben krankenhausreif prügelte – E. Praukitsch. Einmal erstattete Margarete Volek, Erzeugerin von Robert, deswegen sogar Anzeige beim Stadtschulrat, da Praukitsch Robert blutig geschlagen - und mit den Füßen getreten hatte. Direktor Häusler verlangte von ihr, die Anzeige zurückzuziehen – sonst würde ihr Sohn in das berüchtigte Heim Eggenburg „administriert" (Fachausdruck für die Verlegung in ein anderes Heim) werden. Sie weigerte sich und die Angelegenheit verlief im Sande.

Die Aktennotiz im Mündelakt Robert Volek, vom Direktor Rudolf unterfertigt, wurde so ausgelegt, dass Robert nur angenommen hatte, dass er verdroschen werde. Selbst Dr. Pecko, Psychologe der städtischen Heime, attestierte dem jungen Robert ein Gutachten, dass Robert ein Psychopath sei und sein IQ unter 95 liege und den Wissensstand NIE wieder in seinem Leben aufholen würde.

Gruppe 12

1964. Im neuen Schuljahr. Robert war 13 Jahre alt.
Er wurde in die 12er Gruppe eingeteilt, da die Ferien zu Ende gegangen waren. Erich Praukitsch übernahm als Erzieher die Gruppe 12. Alle Zöglinge gingen in den Tagraum und warteten auf Praukitsch. Die Gruppe war neben der Nebenkanzlei in der linken Gang-Ecke erneuert worden. Früher war dieses Zimmer der Kanzlei zugehörend. Praukitsch kam in den Tagraum, sah durch seine „Froschaugenbrille" alle Jungen an, die sich in einem Kreis aufstellen mussten. Die Blicke durchbohrten jeden Zögling. Hinter Robert blieb Praukitsch stehen, musterte ihn von oben bis unten und hauchte Robert, für alle verständlich,

ins Ohr: „Dass mir innerhalb von 30 Minuten der Tagraum zusammengeräumt wird, sonst lernt ihr mich kennen!" Roberts Nase war vom Zigarettengestank etwas beleidigt worden, als Praukitsch diesen Befehl ihm zu gehaucht hatte.

Robert wischte Erichs Speichel aus dem Gesicht. Es ekelte ihn davor, die nasse Aussprache des Lehrers und Erziehers in seinem Gesicht erdulden zu müssen. Igitt, dachte er: Wenn Praukitsch in Zukunft weiter so speichelt, dann werden wir aus dem Tagraum rausschwimmen.

Prauktisch war aus dem Raum gegangen. Robert und seine Freunde hatten natürlich kein Interesse, diesen Raum, den andere Zöglinge verwendet hatten, zu reinigen. Es wurde herumgealbert, Gegenstände wurden von Robert zu anderen Zögling geworfen. Es war ein herrliches Gefühl, für 30 Minuten keinen Erzieher im Raum zu haben.

Plötzlich wurde die Türe aufgerissen. Breitbeinig stand Praukitsch im Türrahmen, die Arme in die Hüfte gestemmt. „Ich hatte euch befohlen, den Tagraum zusammenzuräumen!" Eilig war er zu den Kästen gegangen, hatte diese aus der Wandverankerung gerissen und mit voller Wucht auf den Fußboden gekippt. „In 30 Minuten bin ich wieder da, sämtliche Kästen sind ordentlich einzuräumen und der Tagraum ist von euch zu reinigen."

Natürlich hatten die Jungs sich beraten, ob sie der Gewalt weichen oder gegen diese Gewalt einen Widerstand bis zur bitteren Neige durchziehen wollten. Robert war gegen jeden Zwang im Heim und schlug vor, nichts wegzuräumen. Die Strafe ließ auch nicht lange auf sich warten. „Du Arsch, du willst nicht zusammenräumen?" Prack! Ein Fausthieb ins Gesicht Roberts, ein zweiter und dritter folgten in rascher Reihenfolge. „Aua!" – „Ich werde dir helfen, dich meinen Anweisungen zu widersetzen!" Robert ließ seine Tränen freien Lauf. „Ich räume nichts auf, was andere verschmutzt haben!" Robert wurde von Praukitsch zu Boden geworfen. „Au!" Er trat mit den Füßen auf Robert ein. „Auaaaa!"

Robert wischte sich seine blutigen Lippen und seine blutige Nase ab, kroch zwischen seinen Beinen durch und rannte aus dem Tagraum. „Sie sind widerlich. Ich will einer anderen Gruppe zugeteilt werden! Sie Schwein!"

Er rannte keuchend über die Treppen des Nebengebäudes ins Hauptgebäude zum Waschraum, setzte sich auf eine Bank und blieb bis zum Abend im Waschraum hocken. Robert wurde wieder in die Gruppe 11 (Nawurth) überstellt.

Am Sonntag hatte er nach langer Zeit wieder Ausgang. Seine Mutter hatte ihn vom Heim abgeholt. Robert erzählte ihr von dem Vorfall. „Ich werde eine Anzeige machen", sagte sie zu Robert.

„Robert ist mit viel pädagogischem Geschick und List zu täuschen, damit er funktioniert. Er ist misshandlungsgefährdet."

Einvernahme

Robert fand sich in der Kanzlei des Buckligen wieder, die nach kaltem Rauch stank. „Deine Mutter hat vor zwei Tagen eine Anzeige beim Stadtschulrat für Wien gemacht. Angeblich hat dich Herr Lehrer Praukitsch verprügelt", wollte der Direktor unter Husten von ihm wissen. Häusler sah nur auf die Anzeige von Roberts Mutter und schüttelte sein graues Haupt. „Das stimmt auch, Herr Direktor." – „Ich kann mir das nicht vorstellen. Du wirst dir eingebildet haben, dass Herr Praukitsch dich schlagen wollte." – „So, und wegen wem sonst habe ich aus dem Mund und der Nase geblutet? Das habe ich mir auch eingebildet?" Robert hatte noch das blutige Taschentuch eingesteckt und zeigte es dem Direktor. „Gehe nach der Einvernahme in den zweiten Stock. Frau Frenk soll dir ein anderes Taschentuch geben. Aber vorher unterschreibst du hier den Zettel." Robert las die enggeschriebene Entgegnung zur Anzeige. Darin war vermerkt, dass er sich eingebildet habe, dass Praukitsch ihn schlagen habe wollen. Praukitsch sei schon früher, bei einem anderen Fall, 14 Tage krankgeschrieben worden, da er von Robert nervlich fertiggemacht worden sei. „Das unterschreibe ich nicht. Das stimmt nicht!", sagte Robert bestimmend. – „Du brauchst es nicht zu unterschreiben. Ich werde reinschreiben, dass du die Unterschrift verweigert hast. Und jetzt gehst du dein Taschentuch tauschen und anschließend in deine Gruppe." Hustend zündete sich eine Zigarillo namens Piccolo an. „Und jetzt ab mit dir! Ich werde mir überlegen, ob du nach Eggenburg kommst."

Quiz

Nawurth liebte es, wenn seine Zöglinge mit Allgemeinwissen protzen konnten. Zweimal in der Woche gab es das für Robert ungeliebte Quizspiel für Allgemeinwissen. „Darf ich mit Mecki Ziehharmonika spielen gehen?" Mecki wurde ein Freund von Robert gerufen, der eigentlich Robert McDermott hieß. „Bitte lassen Sie uns spielen!" Mecki und Robert hatten Neuwirth so lange angebettelt, bis er „Ja, von mir aus!", sagte. „Aber treibt keinen Unfug!", ermahnte er beide. „Ja, Herr Erzieher!"

Mecki lehrte Robert die wichtigsten Basstöne und den Takt verschiedener Lieder, während er die Akkorde zu einem Lied formte. Sie spielten Lieder wie: „Und in dem Schneegebirge", „Fein sein, beieinanderbleiben", „Steh'n zwei Stern am hohen Himmel." Weihnachten probten sie Weihnachtslieder und sangen zweistimmig. Robert freute sich jedes Mal, wenn Nawurths Quiz-Sendungen als Nachmittagsprogramm gespielt wurden. Zwischendurch mussten sie ja die Zigaretten rauchen, die Mecki besorgt hatte. Dies blieb bis zu Roberts Austritt aus dem Heim „ihr" Geheimnis. In der Nacht saßen sie auf den zwei Stufen vor dem WC und quatschten stundenlang über verschiedene Themen, während die Türe zum WC geöffnet war, um den Rauch abziehen zu lassen.

Streicheleinheiten

Alle zwei bis drei Wochen wurde von der Lichtbildstelle des Stadtschulrats für Wien ein Film geliehen, den die Schüler im Kinozimmer, im Parterre, neben der Dienstwohnung des Schulwarts, ansehen durften.

Robert wurde neben Praukitsch ein Sitzplatz zugewiesen, um das Licht auszuschalten, wenn der Filmablauf von Praukitsch gestartet wurde, und um beim Filmeinlegen in den Projektor zu assistieren. Beide Sessel wurden vor der Türe aufgestellt, sodass alle „Kinobesucher" keinen Blickkontakt zum Filmvorführer Praukitsch hatten.

Der Projektor ratterte mit lautem Geknarre, während der Schwarz-Weiß-Film auf die weiße Leinwand projiziert wurde. Praukitsch erklärte den Inhalt des Films, wobei er beim Reden Speichel versprühte, während er sich mit einer Hand den Oberschenkeln Roberts näherte. „Was will der von mir?", fragte Robert sich. Praukitsch streichelte Roberts Oberschenkel und fuhr mit seiner Hand durch die kurzbeinige Lederhose und kam dem Geschlechtsteil immer näher. Robert fühlte sich sichtlich unwohl in dieser Rolle. „He, ich will das nicht!" Er stellte seine Beine zur Seite, um diesen Streicheleinheiten aus dem Weg zu gehen. „Bitte lassen Sie meine Beine in Ruhe!" Ihm ekelte vor diesem Lehrer.

Natürlich drehten sich alle Kinder um. Praukitsch schaltete das Licht wieder ein. Er war von dieser Gegenwehr sichtlich schockiert. „Bedankt euch bei Volek, die Vorführung ist beendet." Ein lautstarkes Murren war von den Jungs zu vernehmen. „Alle LEISE aufstehen! In Zweierreihe aufstellen und ab in die Klasse!", befahl Praukitsch und war fest entschlossen, den Film nicht mehr vorzuführen. „Ich möchte KEIN Wort oder Geräusch hören, wenn ihr in die Klasse geht." Surrend wurde der Film zurückgespult.

Das Echo kam prompt. Beim Stufensteigen wurde Robert von den anderen Kindern gestoßen und geprügelt. Da Praukitsch den Film zurückspulen musste, bemerkte er natürlich von der kleinen Schlagorgie „nichts".

Praukitsch hielt im Klassenzimmer eine „Moralpredigt": „Wenn ich euch einen Film vorführe, dann hat jeder aufzupassen, was vorgetragen wird." Mit mahnendem Blick streiften Praukitschs Augen alle Schüler und hielten bei Roberts inne. „Das gilt auch für MEINEN Helfer bei der Bedienung des Projektors." Robert kochte innerlich vor Wut. Hatte dieser Arsch die Verweigerung des sexuellen Kontakts doch glatt dazu verwendet, die Klasse gegen Robert zu mobilisieren! Robert war zornig. „Haben wir uns verstanden?", Erich Blick wanderte fragend zu jedem Schüler. „Ja, Herr Lehrer", grollten alle. „Nur wegen Volek dürfen wir uns keinen Film ansehen." Robert schwieg dazu, denn er hatte keine Lust, sich gegen die Klasse zu stellen, da er nicht gerade der Stärkste war. Er schluckte seinen Zorn hinunter. Ich werde dem Erzieher von dieser sexuellen Belästigung erzählen, dachte Robert.

Praukitsch schrieb ins Mitteilungsheft: „Volek ist ein Revoluzzer, er terrorisiert die ganze Klasse. Zur Strafe muss er 10 Staffeln rechnen." Unterschrift: Prk. Ein groß geschriebenes, geschwungenes „P" und klein geschrieben das „rk." waren die Unterschriftkürzel von Praukitsch.

Robert hatte diese Zeilen gelesen. „Herr Lehrer, das stimmt nicht, was Sie geschrieben haben." – „Was?", schrie Erich P. Robert an, „du liest meine Mitteilungen an deinen Erzieher?"

Hysterie

Praukitsch rannte zur Tafel, seine Hände waren erhoben. Er stellte sich neben die Tafel und begann mit seinen Nägeln die Wand abzukratzen. Gleichzeitig schleckte er mit seiner Zunge die Wand gierig ab. Er dreht sich zur Klasse, hielt die rechte Hand auf die linke Brustkorbhälfte und lallte keuchend: „Hmmm, mein Herz. Hmmm, mein Herz!" Er war kreidebleich. Die Schüler wollten nicht wahrhaben, was sie soeben miterlebt hatten, und lachten hämisch, als Praukitsch sich die Hand auf den Brustkorb vors Herz drückte. „Praukitsch gehört doch psychiatriert!", stellte Robert fest. Alle Kinder nickten beifällig.

Am nächsten Tag wurde die Klasse aufgeteilt, da Prakisch sich krankgemeldet hatte.

Du Aas!

„Was erzählst du da? Dich hat Herr Lehrer Praukitsch streicheln wollen?" – „Au!" Robert hielt sich seine Backe. „Du Lügner!" – „Au!" Robert nahm eine Abwehrhaltung ein. „Wenn du noch einmal solchen Unsinn hier verzapfst, dann melde ich dich Herrn Direktor Häusler und du wanderst nach EG (Eggenburg)." Wütend erhob Erzieher Nawurth neuerlich seine Hand, um Ro-

bert noch eine Ohrfeige zu geben. „Hände runter, du Aas!",
befahl er. Widerwillig gehorchte Robert. „Auuua!" Eine Ohrfeige folgte der anderen. „Setz dich zum Tisch." Robert weinte. „Ich möchte kein Wort mehr hören. Sonst wusch i di her." Robert hatte, wie so oft, seinen Mund halten müssen.

Erzieher Kowacewi hatte Zahnprobleme. Wenn er ein Brot essen wollte, knabbert er es bis zur Rinde ab. Mit einer Hand schwang er die abgekiefelte Brotrinde und fragte seine Schützlinge: „Wer will die Rinde essen?" Ein paar Kinder hoben die Hand. Der Bub, der die Rinde erhielt, durfte sich geschätzt wissen.

Schwester Hertha kam jeden Tag, wenn sie Dienst versehen musste, nach 23:00 Uhr und holte Franz V., 13 Jahre alt, aus dem Schlafzimmer in ihre Dienstwohnung, um – wie sie sagte – von Franz V. das Zimmer aufräumen zu lassen … Franz hatte mit Robert und Otto bis ca. 23 Uhr geplaudert. Sie tauschten Erfahrungen über das Erlebte vom vergangenen Tag aus, als Franz meint: „Still! Hertha kommt."

Leise ging die Schlafzimmertüre auf und Hertha eilte zu Franz' Bett hin. Sie küsste ihn „wach" und sagte: „Komm steh auf." Franz gehorchte und verschwand mit Hertha aus dem Zimmer. Hertha hatte im zweiten Stock des Hauptgebäudes ein kleines Zimmer, da sie außerhalb Wiens wohnte und nicht jeden Abend nach Hause fahren konnte oder wollte. „Mich hat Hertha noch nie geküsst", schmunzelte Robert zu Otto, als Hertha mit Franz aus dem Zimmer gegangen war. Natürlich wurde Franz von Otto und Robert gehänselt. Er genoss es, dass er sich schon als Mann betrachten konnte, der als Einziger eine weibliche Person befriedigen konnte, wie er immer wieder betonte. Über die nächtlichen Besuche wurde Stillschweigen vereinbart, damit es zu keinen Sanktionen gegen Franz kommen konnte. Robert und Otto betrachteten Franz etwas neidig …

Privatfoto: Schlafzimmer 5 Betten (1 Bett stand vorne quer)

Schwester Hilde

Schwester Hilde war mit dem Verdreschen der Kinder auch nicht zimperlich. Schnell hatte sie den Schuh ausgezogen und verprügelte damit die Kinder „willenlos". Dabei hatte sie rote Wangen und der verbissene Zorn sah ihr förmlich aus den Augen raus. Da erinnerte sich Robert an einen selbst gedichteten Vers, welchen er zu Fasching vortragen musste:

„Schwester Hilde ist ganz nett.
Aber manches Mal ist's mit ihr ein G'frett.
Das Schul' Gehen und der Schnee,
Ist für uns Kinder ein Juche.
Da ist die Schwester Hilde,
Mit der Strafe nicht sehr milde.
Kaum in der Schule angekommen,

Haben wir es von ihr vernommen:
„Stellt die Schuhe unter die Bank,
Spielt euch nicht so lang.
Den Mantel hängt ihr auf den Haken,
Sonst bekommt ihr eine, in den Nacken."
Stehen die Schuhe nicht am Platz.
Springt die Schwester Hilde mit einem Satz –
Wir Herren machen ihr majestätisch Platz –
Zu dem missratenen Zögling hin,
Zieht es Schwester Hilde hin und nicht bange,
Bekommt er von ihr eine Watsche auf die Wange.
Ihre Augen beginnen zu funkeln,
Die Wangen werden rot.
Das Blut kommt ins Getriebe.
Das bedeutet für uns alle Hiebe.
Wir gehen in die Klassen rein.
Schwester Hilde sagt dann: „Fein,
Wartet nur, wenn ihr ins Heim gekommen,
Dann seid ihr ganz benommen
Von meinen schrecklichen Hieben,
Denkt daran, meine Lieben."
Ist die Schule aus,
Gehen wir vergnügt nach Haus'."

Wohl oder übel hatte Schwester Hilde mit rotem Kopf beim Vortragen des Gedichtes applaudieren müssen. Für die Kinder war es ein Spaß, einmal über Schwester Hilde herfahren zu dürfen, ohne bestraft zu werden.

Peniskontrolle

Robert war körperlich nicht so weit entwickelt, wie er es sich wünschte und vorstellte. Seine Schamhaare waren nur sehr dünn und hellblond ausgefallen und die Achselhaare waren auch sehr spärlich, ja für andere fast unsichtbar. Robert schämte sich deshalb ein wenig. Aber nicht vor den anderen Zöglingen, nein, vor Nawurth, der beim Duschen die Zöglinge immer mit großen Augen verfolgte, und alle Jungs mit den „Augen" auszog. Robert hatte sich vorgenommen, beim Duschen eine Unterhose oder eine Badehose als Blickschutz anzuziehen.

Einmal vergaß er seine Badehose. In der Zweierreihe ging Robert mit der Gruppe in den Duschraum. Alle Zöglinge, die körperlich etwas weiterentwickelt waren, hatten eine Badehose an. „Wo habe ich meine Badehose gelassen?" Er suchte alle seine Badesachen durch. Verflixt! Keine Badehose da.

Robert hatte seinen Freund Stefan ersucht, ihm seine Badehose zu leihen. Stefan war damit einverstanden. Robert wartete, bis Stefan mit dem Duschen fertig war und seine Badehose ausgezogen hatte.

Bekleidet mit dem Hemd als Sichtschutz, hatte Robert die Badehose angezogen, dann zog er das Hemd aus und stellte sich unter die Dusche. Im Duschraum waren die Brausen nebeneinander errichtet worden, ohne Zwischenwände zur anderen Dusche. Ein Rohr war an der U-förmigen Wand montiert und mit acht Brausen ausgestattet worden. Es wurde immer zu zwei Partien geduscht. Manchmal mussten zwei Zöglinge unter einer Dusche zusammen brausen.

Der Gesichtsausdruck von Franz Nawurth, während des Duschens sprach Bände. Franz hatte ein gerötetes Gesicht. Seine Lippen waren so fest zusammengepresst, dass die Lippen weiß umrandet waren. Schweißperlen standen auf seiner Stirne. Seine Beine hatte er aneinandergepresst, während er auf der Holzbank unruhig hin und her wetzte.

„Alles dreht sich um die Badehose, oder was?", dachte Robert. „Ist er so geil, nackte Bubenkörper zu sehen? Pfui Teufel!" Ihm grauste vor Franz Nawurth.

„Alle ziehen jetzt die Badehose aus!", befahl Franz mit zittriger Stimme und mit lautem Ton. „Wieso?", wollten Robert und die anderen wissen. „Weil ICH es jetzt sage, Volek!", ertönte Nawurths Stimme lautstark. „Ich will nicht die Badehose ausziehen!" Robert war etwas verängstigt, denn er wusste, dass er seine sexuelle Lust an den Buben befriedigen wollte. „Nein, ich will nicht!" Robert begann, Hilfe suchend und verängstigt in die Runde zu blicken. „Wenn ich sage, dass du deine Badehose ausziehen sollst, dann hast du zu folgen, Volek!" – „Auaaa!" Robert hatte einen Faustschlag ins Gesicht erhalten. Sterne flogen über Roberts Kopf hinweg.

Mit einem kurzen, kraftvollen Ruck hatte Nawurth die Badehose von Roberts Körper gerissen. Er hielt die zerrissene Badehose triumphierend in der Hand, um zu demonstrieren, dass ER der Stärkere sei.

Wie eine Fahne im Wind wehte die ergatterte Badehose in seiner Hand. „Wenn ICH etwas anordne, will ICH haben, dass es von allen hier befolgt wird, OHNE Fragen zu stellen! Das gilt auch für Volek! Verstanden?" – Mit einem ängstlichen „Ja" wurde von den Zöglingen die Frage beantwortet. Nur „Volek" enthielt sich dieser zustimmenden Stimmabgabe. Er war sichtlich geschockt über die „Vergewaltigung." „Jeder kommt zu MIR und zieht seine Vorhaut vom Penis zurück, um MICH sehen zu lassen, ob der Penis auch gereinigt wurde."

Von jedem Zögling hatte Nawurth den Penis begutachtet, hatte einige Kinder gehänselt, wenn der Penis „seinen" Vorstellungen nicht entsprochen hatte. „Was willst mit dem Probierspatzerl?

Hä? Volek." Schamesröte stieg in Roberts Gesicht. Am liebsten wollte er im Boden versinken. „Du musst deinen Pimmel schon ordentlich waschen, wenn du einmal ein Mann werden willst!" Er knetete das Geschlechtsteil in seiner Hand. Robert war zornig. Vor Angst und Scham konnte Robert kein Wort rausbringen. Am liebsten hätte er gebrüllt und Hilfe gesucht.

Er lief weinend aus dem Duschraum, setzte sich auf die Bank im Waschraum und wünschte dieses Aas zum Teufel in die Hölle. „Ja, schmoren soll dieser Arsch!" „Volek, du kommst sofort in den Duschraum. Brause dich ab, sonst machst du mit meinen Zatopek Bekanntschaft". Schluchzend stellte sich Robert unter die Dusche. Das Wasser vermengte sich mit den Tränen und Robert war wütend und ohnmächtig zugleich, nichts gegen diesen Erzieher machen zu können. Er drehte dem Erzieher seinen Rücken zu und brauste seinen Körper ab …

Dieser Vorfall kam auch dem Didi Heisla (Direktor Häusler) zu Ohren. Er ließ Robert zu sich rufen.

Didi Heisla

Robert klopfte an die Bürotür. „Herein!", antwortete der Direktor hustend. Der dürre Didi Heisla saß mit einem weißen Arbeitsmantel bekleidet in seinem Bürosessel. Robert stellte sich vor, dass dieser Sessel den Didi Heisla gierig verschlingen würde, so klein und schmächtig war Direktor Häusler.

Grauer Zigarrenrauchnebel verteilte sich in der Kanzlei. „Was musste ich hören?" Robert wusste nicht, was Didi Heisla meinte. „Ich weiß nicht, Herr Direktor!" „Mach die Türe zu!" Wieder Husten und Räuspern. „Du hast dich den Anweisungen des Erziehers Nawurth widersetzt?" Robert erschrak: Was wusste Didi Heisla? „Was habe ich gemacht?" Häusler überging die Frage.

Er sah Robert über den Brillenrand an. „Wenn Erzieher Nawurth euch auffordert, die Badehose beim Duschen auszuziehen, dann wird es seine Gründe haben." „Erzieher Nawurth hat meinen Pimmel in die Hand genommen und damit gespielt." Husten und Räuspern – der ausgeblasene Zigarrenrauch verteilte sich und zog zu Robert hin, der den ekelhaften Geruch aus seiner Nase haben wollte. Er rieb an seiner Nase. „Bleib ruhig da steh'n, wenn ich mit dir spreche!", forderte Didi Heisla Robert lautstark auf. „Du wirst Gelegenheit haben, über deine Lüge nachdenken zu können." – „Ich habe nicht gelogen." – Robert war nahe dran, seinen Tränen freien Lauf zu lassen. Der widerliche Gestank der Zigarre brannte in seiner Nase. „Erzieher Nawurth hat mir die Badehose runtergerissen und mit meinem Pimmel gespielt." Didi Heisla richtete sich etwas auf, aber sein Buckel verhinderte, dass er eine gerade Haltung einnehmen konnte. „Du kommst um 20 Uhr unaufgefordert zu mir in die Kanzlei. Dann wirst du Gelegenheit haben, über deine Lügenmärchen nachzudenken." Hustend forderte er Robert mit einer Handbewegung auf, aus der Kanzlei zu gehen.

Gitsch (Krankenzimmer)

Die Gitsch war im 1. Stock im Nebengebäude untergebracht. Rechts um die Ecke, nach der Gitsch, befand sich die Neben-Kanzlei und daneben die Kanzlei Häuslers. Im Krankenzimmer waren an der linken Wand drei Betten nebeneinander aufgereiht. Zwischen den Betten waren Nachtkästchen hingestellt worden. Stirnseitig war das Fenster nur mit zugezogenen Seitenteilen verhängt. Der Tisch mit drei Sesseln stand an der rechten Wand. Vom Fenster aus konnte man eine große Terrasse sehen, die nach der Kanzleitür vom Gang aus zu erreichen war. Wenn man nahe genug beim Fenster war, konnte man sogar etwas links eine Kanzlei-Balkontüre sehen. Die Fenster waren mit schweren, lichtundurchlässigen Vorhängen verdunkelt worden.

Wenn Herr Bliba am Sonntag den Zöglingen die Haare schnitt, dann wurde die Gitsch als „Frisiersalon" verwendet.

Strafe sitzen

Robert klopfte. Hustend antwortete Häusler „Herein!". „Herr Direktor, Sie haben gesagt, dass ich mich bei Ihnen melden soll." Der verflixte Sessel hatte diesen alten Didi Heisla noch immer nicht verschluckt. „Du setzt dich ins Krankenzimmer zum Tisch, das Licht bleibt eingeschaltet. Du darfst nicht einschlafen." Wieder hatte Häusler einen Hustenanfall. Die Zigarre hatte an Gestank noch nichts verloren, stellte Robert fest. – „Solltest du schlafen, wirst du morgen auch hier sitzen." – „Darf ich etwas zum Lesen haben?" – „Nein, du bist nicht zum Vergnügen da." Die berühmte Handbewegung als Aufforderung, die Kanzlei zu verlassen, wurde von Robert gerne angenommen.

Robert hatte keine Armbanduhr. In der Gitsch war auch keine Wanduhr montiert. Ich brauch eh keine Uhr, stellte Robert für sich fest. Die Zeit wird auch so vergehen. Kahle Wände waren der ganze Stolz dieser Krankenabteilung. Robert war schon einmal in diesem Zimmer gewesen, als er eine starke Grippe hatte. Er setzte sich zum Tisch, legte seine Arme angewinkelt auf die Tischplatte und den Kopf darauf, um etwas schlafen zu können. Die Türe ging leise auf. Robert erschrak. Da stand ein weißes dürres Gespenst in der Gestalt von Didi und räusperte sich. – „Ich habe gesagt, dass du nicht schlafen sollst." – „Ja, Herr Direktor." – „Sollte ich dich noch einmal hier schlafend vorfinden, dann wirst du morgen auch hier sitzen. Verstanden?" – „Ja, Herr Direktor." – So leise wie Didi gekommen war, so leise verschwand er wieder aus der Gitsch.

Helli

Roberts Augen brannten, das Licht empfand er als lästig. Wie spät mochte es sein? Er hatte ein Gefühl in den Augen, als wenn jemand Sand hineingestreut hätte. Er begann, seine Augen zu reiben. Leise wurde die Türe geöffnet. Jedes Zeitgefühl war Robert verloren gegangen.

„Helli!" Robert war ganz verwundert, dass Frau Helli, die gute Küchenfee, neben ihm stand. „Helli?" Robert durfte Frau Helli duzen. „Wie spät ist es?" – „Es ist 11 Uhr nachts." – „Darf ich aufs Klo gehen?" – „Sicher Robert." Und weiter: „Ich warte auf dich." Robert beeilte sich, damit seine Helli nicht lange warten musste. „Was ist los mit dir? forschte Helli weiter. „Nawurth hat mir die Badehose runtergerissen und mit …" Robert genierte sich vor Helli. „Was war los?", bohrte sie weiter. „Ich trau mich das nicht sagen …" – „Na, sprich schon. Ich erzähle niemandem etwas", versprach Helli. „Der Nawurth hat mit …" – „Ja, Robert?" – „Der hat mit meinem gespielt und ich bin weggerannt." Er war sichtlich erleichtert, das Geschehene Helli erzählt zu haben. Robert schaute Helli in die Augen. „Robert, ich glaube dir. Aber das darfst du doch nicht dem Direktor melden. Er wird eher Herrn Erzieher Nawurth glauben als dir", stellte Helli fest. „Du weißt doch, wie der Direktor reagiert, wenn du gegen irgendeinen Erzieher hier was behauptest." – „Ich habe nicht gelogen! Es stimmt wirklich, Helli!" Er war etwas zornig, dass den Erziehern immer alles geglaubt wurde und er für etwas bestraft wurde, was er nicht als strafwürdig empfunden hatte.

„Sei nicht dumm! Vergiss es, sonst kommst du nach Eggenburg. Dir werden diese Leute nichts glauben." Robert dachte über Hellis Worte nach. „Stimmt, Helli, immer, wenn etwas war, wurde ich bestraft, obwohl ich keine Schuld hatte." – „Na

siehst, also sei nicht dumm, willst du dir das Leben vermasseln in Eggenburg?" – Nein, das wollte Robert nicht. Hatte er doch viele Gerüchte über dieses Heim für schwer erziehbare Zöglinge gehört. „Ok, Helli. Ich werde nichts mehr darüber sagen."
„Gut, du musst noch bis Mitternacht hier im Zimmer deine Strafe absitzen, dann muss ich dich ins Hauptgebäude begleiten, hat der Direktor gesagt." Leise ging Helli wieder aus dem Krankenzimmer. „Halt noch ein bisserl durch", mahnte sie Robert mit einem sanften Lächeln im Gesicht.

24 Uhr Geisterstunde?

Robert hatte seinen Kopf an die Wand gelehnt und in dieser Stellung versucht zu schlafen. Etwas packte ihn sanft an seinen Schultern und begann diese leicht zu rütteln. – „Robert!" – „Komm, wir gehen ins Hauptgebäude." Robert begann seine Augen zu reiben. Neben ihm stand Helli. Er wusste nicht, was los war. Langsam konnte er wieder seine Gedanken ordnen. „Aber leise!", mahnte Helli Robert.

Die Küche befand sich im Hauptgebäude und war von außen und vom Kellergang zu erreichen.

„Setz dich da her", wies Helli Robert einen Sessel zu. „Ich mach dir schnell eine Eierspeise." Lecker, dachte Robert. Die gute Seele Helli hatte für Robert immer etwas zum Essen. Auch wenn Robert „zufällig" in die Küche kam, gab sie ihm etwas zu essen. Mal war es ein Stück Margarinebrot, Schmalzbrot oder es war ein Brot mit Sardinen. Manches Mal bekam er auch einen Apfel, oder eine kleine Bensdorp-Schokolade … „Robert ist doch ein schmächtiger Bub", stellte Helli fest und blickte ihre Kollegin Käthe an. „Seine Haut ist so durchsichtig", sagte sie, wenn das Küchenpersonal miteinander sprach, um die Ausgabe der Sonderportion an Essen zu rechtfertigen und um Robert

Privatfoto: Hauptgebäude.372cheneingang

eine Extraportion Essen überreichen zu können. Robert verschlang die Eierspeise sowie ein mit Margarine bestrichenes Brot.

„Niemandem etwas sagen." – „Nein, das verspreche ich dir, Helli." – Robert würde doch niemandem was erzählen, sonst würde er ja keine Extraportion Essen mehr erhalten. Im Schlafsaal hörte Robert nur mehr leises Schnarchen und das Atmen der Mitzöglinge, als er sehr müde in sein Bett kroch. Um 6:30 Uhr werde ich wieder geweckt, dachte er gähnend. Die Geisterstunde war beendet.

Gelbsucht

Die Freude war groß, als die Gruppe von Erzieher Reiche erfuhr, dass Nawurth im Spital liege. Er habe Gelbsucht, wurde vom Springererzieher Reiche verlautet. Reiche war ein großer, blonder Mann aus Deutschland, der eine sehr lockere Hand hatte. Jedes Kind fürchtete sich vor diesem Riesen.

Innerhalb von drei Wochen waren im Heim ca. 30 Kinder und vier Erzieherinnen an dieser Gelbsucht erkrankt. Die Küche hatte Öl aus der Nachkriegszeit von der amerikanischen Besatzungsmacht geschenkt bekommen. Dieses Öl war ranzig geworden und Verursacher der Gelbsucht. Die Kommission, die das Kinderheim kontrollierte, fand keine „Mängel" in der Küche. Auch das Essen war nicht beanstandet worden, da die Küchenleiterin Schwester Paula frisches Obst, Brot und Wurst gekauft hatte. Das alte Öl war nicht mehr auffindbar. Es wurde stillschweigend im Auftrag der Heimleitung entsorgt.

Brackmos schwarze Messe

„Im Namen des Vaters und des Sohnes und des Heiligen Geistes. Amen!" Wolfgang Brackmos durfte im Speisesaal eine Messe lesen. Wolfgang war kein Priester, nein, er war ein Zögling, welcher die Religion zu seinem Lebensinhalt im Heim gemacht hatte. Alle Kinder mussten in den Speisesaal gehen, um Wolfgang beim Zelebrieren zuzusehen und mitzusingen. Vor der Türe zum Gruppenraum der Schwester Gerti wurde ein Altar aus zwei Tischen gestellt. Tischtücher schmückten den Behelfs-Altar. Auf den Tischen lag ein Gebetsbuch. Wolfgang verbeugte sich vor dem Altar. Er wandte sich zum Kirchenvolk und predigte. Das Erziehungspersonal schwatzte während der Messe. Robert war das zu viel. Er ging mit Bewilligung seines Erziehers aus dem Speisesaal in seinen Gruppenraum, nahm sich die

Ziehharmonika von Nawurth und klimperte drauf los. Nawurth hatte ihm erlaubt, auf der „Quetsche" zu spielen, auch wenn er dienstfrei hatte.

Wie gestört sind die Erzieher, die solchen frevelhaften Götzendienst unterstützten und Wolfgang Brackmos in seinem religiösen Wahn schalten und walten ließen, wie es ihm gefiel, und andere Zöglinge dazu gezwungen hatten, bei dieser schwarzen Messe mitfeiern zu müssen? hatte sich Robert gefragt, während er den Flohwalzer auf dem Akkordeon spielte.

Küchenbrand

Um 6:00 Uhr wurden die Heimkinder mit „Tatü und Trara" aus dem Schlaf gerissen. Im Hauptgebäude brannte die Küche. Der schwarze Rauch war bis in den zweiten Stock vorgedrungen. Ein Zögling hatte den Küchentisch und anderes Mobiliar in der Küche angezündet. Mehr erfuhr Robert nicht. Er sah nur auf dem Rasen vor der Küche den großen Tisch mit einem großen Loch in der Tischplatte.

Die Feuerwehr war damit beschäftigt, Puppe aus der Dienstwohnung des Direktors zu befreien. Puppe war die „Ziehtochter" des Ehepaares Häusler. Sie wurde in einem kleinen Käfig „verstaut", der mit einem Vorhangschloss versperrt war. Schwester Paula hatte den Schlüssel verloren, als der Brand entdeckt wurde. Mit Bolzenschneidern wurde Puppe aus dem Verließ befreit. Niemand durfte im Heim etwas davon erfahren... Die weißen Stiegen Hauswände waren mit Ruß bedeckt. Es roch im ganzen Hauptgebäude nach Ruß und verbranntem Holz.

Puppe

Robert wusste aber, dass Puppe mit keinem Zögling im Heim sprechen durfte, denn die Zöglinge seien kriminell und dürften mit Puppe nicht in Kontakt kommen, hatte ihr Häusler oft genug gesagt.

Rudolf hatte sie von einem ehemaligen Zögling aus dem Heim in der Breitenseerstraße, vis-à-vis der Kaserne, „gekauft". Da K. (Name bekannt) unter chronischem Geldmangel litt, hatte er zugestimmt. Puppe wurde in der Tragtasche ins Kinderheim Hütteldorf „transferiert", wo Familie Häusler sie ungeduldig erwartet hatte. Dr. K., ein Freund von Direktor Häusler, wusste von diesem Deal zwischen K. und Häusler und verabsäumte es, eine Anzeige wegen Verdacht auf Menschenhandel zu erstatten. Monatlich bekam K. von Häusler seine finanzielle Zuwendung in Höhe von ca. 1200,00 Schilling. Er durfte seine Tochter besuchen. Puppe ging in eine Privatschule der Dominikanerinnen in Ober St. Veit und durfte jeden Tag alleine ins Heim gehen bzw. Helli und anderes Personal holte Puppe von der Schule ab.

Puppe verstand sich mit ihrem „Ziehvater" nicht besonders. Ihre Zuneigung galt eher Schwester Paula. Helli und Käthe mussten sich um die kleine Puppe kümmern und beim Erziehen behilflich sein. Puppe durfte mit keinem Buben sprechen. Ihr war eingetrichtert worden, dass viele Kinder im Heim kriminell seien... Häusler hatte sich deswegen eine Pistole angeschafft, um sich bei einem Überfall wehren zu können. Diese Pistole lag immer auf dem Couchtisch, wenn er in der Dienstwohnung anwesend war, oder in seinem Schreibtisch, wenn er Dienst versah.

Vor der Wand stehen

Die Gruppe Nawurths marschierte in Zweierreihe durch den Gang in den Keller zum Waschraum. Der Gang war so schmal, dass gerade zwei Personen neben einander gehen konnten.

In einer S-Kurve verschwanden die Stufen in den Keller. Gleich nach den Stufen war die Türe zur Küche. Die Zöglinge hatten wieder Sprechverbot vom Nawurth verhängt bekommen. Als die Gruppe neben der Küchentür vorbeiging, wurde diese geöffnet und Puppe war hervorgetreten. Natürlich murmelten die Jungs und Puppes Gesicht lief rot an. Zack stellte sie sich mit dem Gesicht zur Wand, als müsste sie Strafe-Stehen. Das Gelächter wurde immer lauter. „A Ruah is da! Wehe ich höre jetzt noch ein Sprechen oder Lachen", ermahnte Nawurth seine Zöglinge. „Macht's da Platz!" Widerwillig gehorchten die Jungs, als Nawurth mit beiden Armen die Kinder zur Wand drückte. „Puppe du darfst jetzt bei der Gruppe vorbeigehen." Mit hochrotem Kopf machte Puppe eine Viertel-Drehung nach rechts und marschierte Richtung Stufenaufgang.

Pistole

Direktor Häusler hatte vor seinen Schutzbefohlenen Angst. Er besorgte sich eine Pistole, um vor den kriminellen Zöglingen geschützt zu sein. Diese Pistole nahm er mit in die Kanzlei. Um Mitternacht wurde sie im weißen Arbeitsmantel verstaut, damit er mit Studry (ehemaliger Zögling) den Berg hinauf in seine Dienstwohnung, die sich im Hauptgebäude befand, gehen konnte- Dort wurde sie wieder ausgepackt und auf den Couchtisch gelegt. Puppe hatte Angst, es könne mal etwas mit der Pistole passieren. Warum er die Pistole in der Wohnung frei liegen hatte, weiß niemand …

Dipl. Ing. H. Durst

Der Inhaber einer Baufirma kam zum „Handkuss": Zum Isolieren der Häuser benötigten Hugo Dursts Arbeiter Styroporplatten, die auf einem Baugrund in der Auhofstraße gestapelt und gelagert wurden. Von den Zöglingen in Hütteldorf wurden diese Platten liebevoll „QuietscherIn" genannt, da sie beim Reiben an den Fensterscheiben zu quietschen begannen.

„Leider" mussten die Zöglinge, um in die Schule zu gelangen, an diesem Grundstück vorbeigehen. Jedes Mal wurden von Robert und seinen Freunden Platten oder Stücke von den Platten abgebrochen und ins Heim mitgenommen, um im Heim „tschachern" zu können (Gegenstände wurden untereinander getauscht). Das ganze Heim erklang von den Quietschtönen. Nur Didi Heisla hatte für diese Quietscherei in SEINEM Heim nichts übrig. So mussten Robert und die anderen Zöglinge, wohl oder übel, die „geborgten" Platten an die Baufirma zurückgeben und um Verzeihung bitten, da sie die Platten unerlaubt mitgenommen hatten.

Hugo Durst schenkte die Styroporplatten Robert und seinen Freunden und war sehr beeindruckt, dass sich die Zöglinge entschuldigt hatten. Er nahm die Entschuldigung an und hatte somit von der Existenz des Kinderheimes erfahren.

Es war im Heim Usus, dass Kinder, die Weihnachten nicht zu Hause bei den Eltern verbringen durften, vom Kinderheim aus um 50,00 Schilling ein Weihnachtsgeschenk aussuchen durften. Roberts Wunsch: Ein eigener Werkzeugkasten – mit Hammer, Säge, Zange usw. Darüber wäre Robert sehr glücklich gewesen.

„Nein! Kommt nicht in Frage!", hatte Didi Heisla zu Robert gesagt. „Viel zu teuer ist der Werkzeugkasten! Such dir etwas Anderes aus." – Was sollte Robert sich denn aussuchen? Eine Badehose? Seine war schon mehrmals genäht worden und zerschlissen. Eine Uhr? Seine Firmungsuhr war gestohlen worden. – Nein, die war auch viel zu teuer. Eine Füllfeder! – Ja, die wollte er haben und diesen Wunsch gab er seinem Direktor bekannt.

Maria und der Dornenwald

„Maria durch ein' Dorn Wald ging. Kyrie Eleison!" Ingeborg dirigierte einen kleinen Knabenchor aus Hütteldorf für eine bevorstehende Vor-Weihnachtsfeier. Sie deutete beim Dirigieren, dass der Chor etwas leiser singen solle. „Maria durch ein' Dorn Wald ging, der hat in sieben Jahr' kein Laub getragen! – Kyrie Eleison." – Ingeborg sah in die Chorrunde, Finger vorm Mund. „Was trug Maria unter ihrem Herzen? Kyrie Eleison." Noch leiser deutete sie an. „Ein kleines Kindlein, ohne Schmerzen, das trug Maria unter ihrem Herzen! – Kyrie Eleison" – „Brav", lobte Ingeborg den Chor. „Es wird hoher Besuch vom Stadtschulrat zur Weihnachtsfeier erwartet." – Ingeborg war sichtlich nervös, dass der hohe Besuch ins Heim kam, um die Kinder beim Singen zu hören und zu sehen.

„Kinder! Bitte aufhören zu quatschen!" Ein ernster Blick schweifte in die Runde. Ihre blauen Augen sahen etwas über den Brillenrand hervor und musterten die jungen „Sängerknaben". „Wir proben jetzt Stille Nacht. Eins, zwei und drei" – „Stiille Nacht. Hei-lige Nacht. Alles schläft ..." – „Aus, aus, aus!" Ingeborg fuchtelte mit ihren Händen. „So geht's nicht. Wir müssen einige Tonarten tiefer singen", lachte sie. „Ich habe vergessen, dass einige von euch im Stimmbruch sind!" Sie sah Robert McDermott an. „Mecki, du singst bitte zweite Stimme!", empfahl sie McDermott. Er lächelte und sagte: „Ok, Inge." Ingeborg durften die etwas älteren Zöglinge ihre Lehrerin rufen, wenn sie gut aufgelegt war. „Eins, zwei und drei" – Finger vorm

Mund das Leise-Singen andeutend, während die linke Hand im 6/8-Takt dirigierte. „Sti-ille Nacht, hei-lige Nacht. Alles schläft, einsam wacht …" Nickend lobte Ingeborg ihren Chor. „So können wir die Lieder vortragen", meinte sie stolz.

Ein anderes Lied wurde geprobt. „Leise rieselt der Schnee. Still und starr ruht der See. Weihnachtlich glänzet der Wald. Freuet euch 's Christkind kommt bald." – „Die zweite Stimme müsste noch eine Spur lauter singen. Dann ist auch dieses Lied zum Vortragen geeignet", freute sich Ingeborg.

„Zweite Strophe. Eins, zwei und drei. In den Herzen wird's warm. Still schweigt Kummer und Harm. Hört nur wie lieblich es schallt: Freuet euch 's Christkind kommt bald!" Ingeborg war zufrieden.

Ingeborg hatte mit den Zöglingen Lieder einstudiert, die bei der Vorweihnachtsfeier, mit angesagten „Gästen" des Stadtschulrates, vorgetragen werden mussten.

Privatfoto Robert Volek: Vorweihnachtsfeier 1965 Robert McDermott und Robert Volek

Robert hatte sich etwas Anderes vorgestellt, als nur ruhig zu sitzen, um gleich darauf wieder stramm zu stehen. Sprechverbot und ja nicht mit den Augenlidern laut klimpern.

Er mag keinen Drill. „Warum muss immer alles mit einer Etikette versehen sein? Kann man solche Feiern nicht etwas lockerer gestalten?" dachte er. „Die Erwachsenen sind schon komisch."

Endlich war der Tag gekommen, an dem der hohe Besuch zur Visite ins KH Hütteldorf kam. Die Kinder waren etwas aufgeregt. Noch mehr Ingeborg und die Lehrerschaft. In den Filzanzügen und geputzten Heimschuhen mussten sie sich im Halbkreis aufstellen.

Robert Mecki und Robert Volek hatten noch vor dem Singen eine Zigarette geraucht. Sie spülten mit Wasser ihren Mund aus, damit niemand die „Tschik" riechen konnte. Es war für beide ein streng gehütetes Geheimnis. Niemand durfte erfahren, von wem sie Zigaretten geschnorrt hatten. Das hatten sie sich geschworen.

„Stellt euch in den Halbkreis!", sagte Ingeborg zu beiden. Ihren mahnenden Gesichtsausdruck hatten beide schon kennengelernt und der verhieß nichts Gutes …

Der Hütteldorfer Knabenchor erhielt viel Applaus von der Stadtschulrat-Abordnung. Bei einer kleinen Jause wurde mit den Herrschaften gesprochen. Sie hatten nach der Schule gefragt. Wie die Kinder in der Schule lernten und ihre Freizeit gestalteten. Keinen interessierte, ob die Schüler und Zöglinge hier gut aufgehoben waren … Endlich war die Visite des Stadtschulrats zu Ende.

Privatfoto Robert Volek: Der Stadtschulrat lässt grüßen

Robert und Robert

„Robert und Robert, kommt beide zu mir!", befahl Ingeborg. „Ja bitte!" Beide ahnten, was nun kommen würde. „Ich habe da etwas gerochen. Habt ihr geraucht?", wollte Ingeborg wissen. „Nein, Frau Lehrerin!", beantworteten beide wie aus der Pistole geschossen gemeinsam die Frage. „Ihr habt nach Zigarettenrauch gerochen!" – „Frau Lehrerin, wir waren bei Herrn Erzieher Blauer, er raucht starke Zigaretten, vielleicht haben Sie das an unserem Gewand gerochen!" – Ingeborg musste schmunzeln. „Setzt euch auf eure Plätze!", sagte sie. Ihre Augen konnten das schelmische Grinsen nicht verbergen.

Weihnachten 1965

Weihnachten rückte immer näher. Was würde dem Robert das Christkind bringen? Die Füllfeder? Er glaubte schon lange nicht mehr ans Christkind, wollte aber seine Freude an Weihnachten nicht vermissen. Eine hohe Fichte wurde im kleinen Speisesaal geschmückt und zur Doppeltüre gerückt.

Endlich durfte Robert mit den anderen Heiminsassen den Heiligen Abend feiern. Er ging mit weihnachtlichen Gefühlen und mit Freude in den Speisesaal. Die Christbaumkerzen brannten ruhig dahin. Das Engelshaar spiegelte den Glanz des Lichtes wider. Auf den Tischen waren Süßigkeiten in Teller gefüllt worden und es war selbst gebastelter Tischschmuck aufgelegt worden.

Der Speisesaal wirkte sehr eindrucksvoll und weihnachtlich auf Robert. Er starrte auf den Baum. Sein Blick wanderte zum Tisch, wo die Weihnachtsgeschenke geschlichtet waren.

„Sti-ille Nacht! Hei-lige Nacht", krächzte Robert, der gerade im Stimmwechsel war, und Puppe, Häuslers „Ziehtochter" klimperte auf dem Akkordeon das Weihnachtslied runter. Direktor Häusler war mit der Weihnachtsfeier zufrieden und nickte wohlwollend den Kindern zu. Robert konnte sogar ein kleines Lachen in seinem Gesicht erkennen.

Ein Zögling rief die Namen auf. „Fritz R.?" – „Hier!" Robert war in Gedanken vertieft. „Robert Volek?" – Ein Räuspern vom Direktor erklang. – Robert Volek?" – „Hier!" – Robert ging am leuchtenden Christbaum vorbei zu Didi Heisla und bekam von ihm ein großes, schweres Paket überreicht. „Aufpassen mit deinem Geschenk!", mahnte Häusler. „Was der schon wieder will?" dachte Robert und ging zu einem Tisch, wo er das Geschenk ablegte. „Was mag da drinnen sein?" Robert packte neugierig SEIN Geschenk aus. Eine Holzkiste kam zum Vorschein.

Privatfoto Robert Volek: Rudolf neben dem Geschenketisch

Auf dem Deckel war ein Zettel angebracht worden: „Frohe Weihnachten wünscht Dir Dipl. Ing. Hugo Durst" stand mit fetten Buchstaben auf dem Papier geschrieben. Roberts Herz schlug schneller. Was war in der Kiste drinnen? Er öffnete die Kiste ungeduldig.

„Jaaa! Hurra! Ich habe einen Werkzeugkoffer bekommen!", rief er lautstark aus. Robert hatte sich vor Freude die Hände gerieben, wäre am liebsten jeden um den Hals gefallen – und schwor, nie wieder ein Quietscherl von einer Baustelle zu entwenden. Schon gar nicht, wenn auf der Bau-Tafel „Dipl. Ing. Hugo Durst" stand …

Neujahr 1966

Robert durfte alleine nach „Hause" fahren. Seine Erzeugerin hat mit Didi Heisla telefoniert und ihn ersucht, Robert Ausgang zu geben. Didi übergab Robert einen Fahrschein und mahnte ihn, auf dem Weg nach Hause aufzupassen.

„Servus Mutti", sagte Robert bei der Eingangstür, als diese von innen geöffnet wurde. Margarete hielt Robert die Wange hin. „Geh, Robert, drück mir die Mitesser auf dem Hals und hinter den Ohren aus!" Robert gehorchte widerwillig. Er mochte nicht als Hautreinigungskraft herhalten müssen. Immer wenn er Ausgang hatte, durfte er die Mitesser ausdrücken. Außerdem machte die fettige Haut, wo die Fingernägel immer drüber rutschten, ein Ausdrücken fast unmöglich. Robert drückte halt drauf los, ohne dass er wirklich Mitesser ins Freie gedrückt hätte.

Nach zirka 30 Minuten Hautquälens sagte er: „Mutti, da sind keine Mitesser mehr drinnen!" – „Na da! Siehst du es nicht?" Sie deutete auf eine Stelle hinter dem rechten Ohr. „Da ist ein

Talg-Dippel! Wirst jetzt wieder drücken?" – „Nein, ich höre jetzt auf!" Wütend sprang Margarete vom Sessel auf und versetzte Robert eine Ohrfeige. „Ich habe dir schon einmal gesagt: Du bist es nicht wert, Mutter genannt zu werden!" – „Was hast du gesagt?" – „Du bist es nicht wert, Mutter genannt zu werden", wiederholte Robert seine Feststellung. Die Ohrfeige ließ nicht lange auf sich warten. „Ich fahre wieder ins Heim! Da werde ich auch geschlagen. Aber von dir lasse ich mich nicht mehr schlagen!" Robert hatte sich angezogen und war ohne Gruß aus der Wohnung verschwunden.

Firmung

Robert war 15 Jahre alt, als er gefirmt wurde. In der ehrwürdigen Stephanskirche wurde er vom Weihbischof Weinbacher „geohrfeigt". Die Firm Vorbereitung dauerten zeitmäßig sehr lange. So empfand es Robert zumindest. Er sehnte den Tag herbei, an dem er das Sakrament der Firmung empfangen durfte. Robert war kein Heiliger, aber er hatte gegen religiöse Feierlichkeiten nichts einzuwenden. Sie brachten Robert etwas Familiäres.

Alle Firmlinge standen in einer langen Schlange. Hinter jeden Firmling hatte sich der Firmpate zu stellen. Die rechte Hand auf die rechte Schulter des Firmlings. Der ehrwürdige Bischof ging zu Robert. Robert musste seinen Firm Namen nennen: „Franz von Assisi" – „Pax tecum, Franciscus!" Mit zwei Fingern erhielt Robert einen sanften Backenstreich vom Weihbischof. „Amen!", entgegnete Robert, während der Weihbischof ein Kreuz auf seine Stirn malte.

Nach der Dom-Messe durften die Firmlinge in der Ober St. Veiter Kirche ein kleines Mittagessen verzehren. Robert war schon aufgeregt, welches Firm Geschenk er bekommen würde.

Nawurth hatte Robert ein kleines Päckchen überreicht. „Wow, das ist eine Automatik-Uhr." Er hüpfte vor Freude. So ein schönes Geschenk hatte er sich nicht erwartet. Abends legte Robert seine Armbanduhr unter dem Kopfpolster und wachte sorgsam über die Uhr, bis er eingeschlafen war. Seine Uhr wurde ihm später von einem Mitzögling gestohlen und war nicht mehr auffindbar.

Teil 2

Austritt aus dem Kinderheim

Direktor Häusler verabschiedete sich von Robert. „Volek, ich wünsche dir alles Gute für deinen Beruf und privat!" Er gab Robert die kraftlose Hand. Die dünne weiße Hand fühlte sich an, als hätte Häusler nie hart arbeiten müssen. „Danke, Herr Direktor!" Robert schnappte seine Habseligkeiten und fuhr nach „Hause" zu seiner Mutter. Wien 12. Bezirk, Fockygasse 40. Diese Adresse sollte für Robert das neue Zuhause sein.

Robert war bei seiner Wahltante Hella Untermaier, einer Freundin seiner Mutter. Sie hatte Robert ersucht, im Keller etwas Holz für den Winter zu hacken. Tante Hella wohnte im 14. Bezirk, Märzstraße, in einem alten Gemeindebau. Sie war schon an die 70 Jahre alt. Robert konnte seine Tante gut leiden. Sie verstand Robert, wenn er Sorgen hatte und gab ihm immer gute Ratschläge. Sie war eine Art Ersatzmutter für ihn.

Tante Hella

„Hast eh an Hunger, wie ich dich kenne? Gell, Robert?" – „Ja, Tante Hella." – „Ich habe eine Nudelsuppe. Nachher gibt's ein Wiener Schnitzerl!" – „Jö! Wann hab' ich das letzte Mal ein

Schnitzerl gegessen?" Robert brauchte nicht lange nachzudenken. „Ich denke, am Heiligen Abend, bei der Weihnachtsfeier haben wir Schnitzerl bekommen! Das war aber flachsig und zäh." – Tante Hella lachte. „Armer Bua! Was bekommt ihr sonst zum Essen?" Er grübelte ein wenig nach. „Am Sonntag gibt es manches Mal ein faschiertes Laberl (Laibchen) mit Erdäpfelpüree. Unter der Woche gibt's einbrannten Köch (Blumenkohl) mit Brot oder Brösel Nudeln mit einer Marmeladesauce." Marmeladesauce war in Hütteldorf gerne hergestellt worden. Die Marmelade wurde mit Wasser verdünnt und aufgekocht. Robert reckte es bei dem Gedanken, diese Sauce essen zu müssen. „Sonst gibt es Griess-Ziegel mit verdünntem Himbeersaft!" – „Was gibt es?" Tante Hella lachte. – „Griess-Pudding mit verdünntem Himbeersaft!" Den Himbeersaft mochte Robert besonders gerne trinken. Nur der feste Griess-Ziegel wollte partout nicht in den Magen wandern.

Das Küchenpersonal machte einen dicken, festen Milchgriess, ließ die feste Masse abkühlen und schnitt in der großen, viereckigen Pfanne Portionsstücke. Schon das Rausnehmen aus der Pfanne konnte Robert nicht sehen. Der flache Mehlspeiswender hatte die Stücke nochmals zerkleinert und es wurden die Portionen auf den Teller geklatscht. Ein Haufen Irgendwas auf dem Teller kam zum Vorschein. Über den Haufen wurde verdünnter Himbeersaft gegossen. „Brrr!" Robert schüttelte sich.

„Freitag gibt es immer Gemüsesuppe und nachher Fisch mit Erdäpfelsalat." Das ganze Stiegenhaus stank nach gebackenem Fisch. Alle Kinder verdrehten die Augen. Keiner mochte den Stinkefisch essen. „Man musste unendlich viele Gräten entfernen, bevor man den Fisch essen konnte", stellte Robert fest.

Tante Hella schob Robert den Teller zurecht. Sie schöpfte eine Rindsuppe mit Nudeleinlage hinein und meinte: „Du wirst viel essen müssen. Du brauchst heute viel Kraft für das Holzhacken." – „Das werde ich schon schaffen, Tante Hella!"

Robert hackte den ganzen Nachmittag das gelagerte Holz im Keller und schlichtete es auf. Mit Blasen an den Händen war er zu Tante Hella im ersten Stock gelaufen. „Tante Hella, ich bin fertig!", meldete er stolz. Hella griff ins Portemonnaie und gab Robert 50,00 Schilling. „Danke, Tante Hella, das wäre aber nicht notwendig gewesen!" Robert wusste, dass Tante Hella nicht begütert war und einen erwachsenen Sohn namens Otto hatte, der arbeitslos war und ihr immer auf der Tasche lag – und das mit 30 Jahren. – „Bua steck' das Geld ein, du wirst es brauchen." Sie schenkte Robert einen warmen Kakao ins Häferl ein und schnitt ein Stück Marmorgugelhupf auf.

Geldgier

„Robert, gib acht!", warnte ihn Tante Hella. „Deine Mutter will dir das ganze Lehrlingsgeld abnehmen, wenn du mit der Schule fertig bist." Robert hatte das neunte Schuljahr freiwillig gemacht und wurde in den Schulferien aus dem Heim entlassen. Ein flaues Gefühl stieg in Robert auf. „Was will sie?" Robert stutzte. „Ich bin noch nicht einmal arbeiten und sie will mir schon jetzt das Geld abnehmen?" Zorn stieg in ihm hoch. „So eine geldgierige Frau!" Er wandte sich Hella zu. „Tante, was kann ich dagegen machen?" – „Bua, da kannst nichts dagegen machen. Deine Mutter sagt, du musst für Kost und Quartier selber aufkommen." – Na, das werden wir sehen, dachte Robert. Da kann ich gleich ins Lehrlingsheim gehen ... – „Baba, Tante Hella. Danke für das Geld!" – „Nichts zu danken, Bua, du hast es dir verdient. Pass auf, dass dir nichts passiert!", war Hella um Robert besorgt.

Die Stadtbahn ratterte dahin und Robert wollten die Worte Hellas nicht aus dem Kopf gehen. „Margareten-Gürtel!", schrie der Zugsbegleiter ins Mikrofon, dass es durch die Lautsprecher klang. Robert eilte zur Tür, stieg aus dem Waggon und ging den Bahnsteig entlang, die Treppen rauf. Er musste noch auf den 18er warten.

Eifersucht

„Wieso kommst du jetzt erst heim?", wollte Roberts Mutter Margarete wissen. „Schau auf die Uhr, jetzt ist es 20 Uhr!" – „Ich habe so lange Holz gehackt. Tante Hella hat mir noch einen Gugelhupf und Kakao gegeben." – „Lüge mich nicht an." Klatsch hatte Robert eine Watsche bekommen. „Ich lüge nicht, du kannst ja Tante Hella anrufen." – „Was habt ihr zwei gesprochen?" – „Was meinst du?", entgegnete Robert. „Ich will wissen, was du mit Tante Hella so gesprochen hast!" – Nichts!", sagte er barsch. Sie nahm einen Teppichklopfer (Pracker) und schlug auf Robert ein. „Jetzt wirst du mir sagen, was du mit Tante Hella gequatscht hast, sonst verprügle ich dich, dass dir Sehen und Hören vergeht!" Sie drückte Robert zwischen zwei Kästen. Der Vorhang zwischen den Kästen wurde heruntergerissen. Das Lavoir, das auf einem Sessel stand, fiel auf den Boden und machte dabei höllischen Lärm. Robert richtete sich auf, stellte sich vor Margarete und sagte: „Wenn du noch einmal her haust, dann weiß ich nicht mehr, was ich mit dir machen werde. Du bist keine Mutter, du bist ein gottverlassenes Geschöpf!" Robert hielt inne und begann zu weinen. „Du bist es nicht wert, Mutter genannt zu werden. Für mich bist du erledigt. Arm im Geiste, aber über deine Kinder herrschen wollen. Das kannst du, sonst nichts!" Robert war echt wütend geworden. „Morgen kannst du mich zur Fürsorgerin bringen. Ich will ins Lehrlingsheim gehen. Dort werde ich vielleicht nicht verdroschen wie bei dir."

Hysterie-Anfall

„Anziehen! Wir fahren zum Magistrat – Bezirksamt!" Margarete war entschlossen, mit Robert zur Fürsorgerin zu fahren. Schon um acht Uhr wollte sie Robert abliefern. Mit der Linie 8 bis Meidlinger Hauptstraße, dann ca. fünf Minuten zu Fuß zum Bezirksamt für den 12. Bezirk, Hufelandgasse. Schnell wollte Margarete ihren Sohn bei der Fürsorgerin abliefern.

Margarete brüllte die Fürsorgerin an: „Da haben Sie den Schwererziehbaren. Wenn Sie ihn nicht nehmen, gehe ich mit ihm zur Polizei und liefere ihn dort ab!"

Die Fürsorgerin wollte Margarete beruhigen. „Frau Volek, beruhigen Sie sich und schreien Sie mich nicht an. Wir werden sicher eine Lösung finden!"

Margarete wurde hysterisch und schrie umso mehr: „Ich schreie, wenn und wann ich will." Margarete wollte sich nicht beruhigen. „Fahren Sie bitte mir Ihrem Sohn in die Kinderübernahmsstelle in die Lustkandlgasse. Dort wird Robert eingekleidet und wieder im Heim aufgenommen."

Die Fahrt von der Kinderübernahmestelle bis nach Weidlingau hatten beide kein Wort gesprochen. Robert hatte sich über Margaretes Benehmen bei der Fürsorgerin in der Hufelandgasse gewundert. „So eine hysterische Frau!", hatte er gedacht. Im Stillschweigen wurde die Fahrt mit dem Pendelzug nach Hadersdorf Weidlingau fortgesetzt.

Selbst beim Spaziergang zum Heim in der Herzmannsky Straße wurde das Stillschweigen eingehalten.

„Hier bringe ich Robert, den Schwererziehbaren!", sagte Margarete zum Heimleiter Rohr. „Wie ist dein Name?", fragte Rohr Robert. „Robert Volek." – „Ah ja! Ich wurde angerufen, dass du heute im Heim aufgenommen wurdest. Du bist in der Gruppe von Herrn Schreck und Herrn Cwack", hielt er noch fest. „Ich wünsche dir einen schönen Aufenthalt!" – Margarete war verschwunden, ohne sich zu verabschieden. Aber das war Robert schon gewöhnt.

„Volek, mir wurde von Herrn Abteilungsleiter von der MA 11, in

Kinderübernahmsstelle Lustkandlgasse. 9. Bez.

der Kinderübernahmsstelle aufgetragen, dir mitzuteilen, dass du keinen Ausgang zu deiner Mutter haben darfst. Also bitte halte dich daran!" – „Ja, Herr Heimleiter!", entgegnete Robert. Er wollte seine Erzeugerin sowieso nicht mehr sehen …

„Du kannst in deine Gruppe gehen. Es sind jetzt noch nicht viele Jugendliche hier, da sie arbeiten sind. Mach' aber bitte keinen Lärm!", befahl Rohr und Robert ging in den ersten Stock.

Lehrlingsheim Hadersdorf/Weidlingau (HaWei)

Das Wiener Lehrlingsheim Hadersdorf/Weidlingau, Herzmannsky Straße 22 war im 14. Bezirk. Robert wurde in die Gruppe 2 eingewiesen.

Lehrlingsheim Weidlingau-Wurzb. 14. Bez. Hermannskystraße 22, Foto Richard Volek

Im Heim durfte ein Jugendbetreuer des ÖGB ein und ausgehen, wie er wollte. Otto Pruml, der Zentralbetriebsrat bei der Firma Philips und später als Vizepräsident in der Arbeiterkammer tätig war sowie als SPÖ-Abgeordneter in den Wiener Landtag bestellt wurde, betreute die Jugendlichen im Heim. Pruml hatte bei den Jugendlichen im Heim einen guten Ruf und auch das Erziehungspersonal war Feuer und Flamme für Pruml. Doch Robert lernte ihn wirklich kennen …

Privatfoto: Überstellungsgrund Erziehungsschwierigkeiten

Name des Kindes: Volek Robert

Datum	A. V. M. B. Schule E. B. H. B.	Bericht	Fürsorgerin
8.8.66	AV	Km ruft hr. aufgeregt an, daß sie den Mj. sofort wieder überstellen will, weil er so frech ist. „Mutti, ich habe dir nicht angeschafft, daß du mich in die Welt setzt! Wenn du das schon einmal gemacht hast, dann mußt du dich auch kümmern um mich." … und Ähnliches wiederholt sie dauernd vor. Km ruft affektbetont und haßerfüllt. Für 11.8. um 11 Uhr in die EB bestellt.	
9.8.66	AV	EB-Mappe mit Bericht und Abschriften aus der Kinderkarte angelegt	
11.8.66	EB	Km mit Mj. anwesend, die Km steigerte sich wieder in ihren Haß gegen d. Mj so hinein, daß ihr Gesicht dabei blau und grün würde. Mj würde von ihr sofort in die Küst gebracht. Überstellungsakt …	

Privatfoto: […] Km mit Mj. anwesend, die Km steigerte sich wieder in ihren Haß gegen die Mj so hinein, daß ihr Gesicht dabei blau und gün würde. Mj wurden von ihr sofort in die Küst gebracht…

Vorgeschichte

Pruml hatte Robert beobachtet, wie dieser im Zugabteil vor dem WC, auf dem Doppelsitzplatz gegenüber dem „Schaffnerschrank" in Fahrtrichtung Hütteldorf mit einem Mädchen aus dem Auhof-Lager knutschte und Sex hatte. Maria saß auf Roberts Schoß. Robert hatte seine Hose geöffnet. Pruml war in diesem Moment durch den Zug nach vorne gegangen und im Abteil stehen geblieben. Robert machte seine Hose zu. „Ich werde mit deinem Gruppenerzieher sprechen müssen!", sagte er zu Robert. Maria war in Hütteldorf ausgestiegen, während Robert wieder nach Hadersdorf ins Heim fahren wollte. „Verführung Minderjähriger!" Und weiter: „Na, das wird der Staatsanwalt beurteilen müssen, ob er eine Strafanzeige gegen dich macht!" Robert war geschockt. Er kannte Pruml nicht mehr. Pruml hatte ihn echt enttäuscht. Er wollte Robert anzeigen? ER wollte ihn vernadern? Robert fasste es nicht. Er bekam Angst. Maria, seine Freundin aus dem Auhof-Lager war erst 15 Jahre alt. Für ihn war es die erste sexuelle Erfahrung mit einem Mädchen. Sie trafen sich immer im Pendler oder in Hadersdorf. Robert hatte noch nie mit dem Strafgericht zu tun gehabt und fürchtete, dass Pruml seine Drohung, ihn anzuzeigen, wahrmacht. Er sah sich schon in Kaiserebersdorf wieder …

Ein abartiger Mensch

Pruml kam ins Lehrlingsheim. Er suchte Robert. Robert war im Festsaal und sah gerade Dr. Kurt Jeschkos „Sport am Montag" an. Erzieher Schreck hatte ihm das Fernsehen erlaubt. „Komm mit!", forderte Pruml Robert auf. „Ich will nicht." – „Du kommst jetzt mit! Oder ich werde Herrn Schreck etwas mitteilen …" Robert wurde rot. Er spürte, wie sein Gesicht heiß wurde." So ein Arschloch!" ärgerte sich Robert.

Robert ging mit Pruml mit. Sie gingen außer Haus durch den Garten ins Kleinbahnhaus, das hinter dem Lehrlingsheim-Haus stand. Pruml hatte einen Schlüssel und sperrte die Türe auf. Wieso hat ein Außenstehender einen Schlüssel für dieses kleine Haus? dachte Robert. Die Lehrlinge mussten immer einen Schlüssel vom Heimleiter holen, wenn sie mit der Kleinbahn spielen wollten.

Pruml machte sich an Robert ran, streichelte seinen Körper. „He. Ich will das nicht Otto!" – „Stell dich nicht so an!", meinte Pruml. Er küsste Robert. Robert wandte seinen Kopf zur Seite und sagte: „Otto, bitte lass das." – Er näherte sich wieder Roberts Gesicht und wollte mit der Zunge in den Mund Roberts eindringen. Robert presste seinen Mund fest zusammen. Praml machte sich an Robert heran, streichelte seinen Körper, öffnete Roberts Hose und wollte an sein Geschlechtsteil. „He, ich will das nicht, Otto!" – „Stell dich nicht so an!", sagte Pruml wieder. Er küsste Robert. Robert wandte seinen Kopf erneut zur Seite. „Nein, jetzt habe ich genug!" – „Na gut, dann muss ich gegen dich die Anzeige machen. Erinnerst du dich?" – Zu gut erinnerte sich Robert und hatte Angst. Ja, große Angst, dass er nach KE kommen würde. „Mach, was ich will, und ich vergesse, was ich im Zug gesehen habe. OK?" Er näherte sich wieder Roberts Gesicht und wollte ihn küssen. Seine Hand bewegte sich Richtung Hintern, während die andere Hand Roberts Kopf festhielt.

Robert befreite sich. Er machte seine Hose zu und wischte seinen Mund ab. „Ich will mich nicht von hinten nehmen lassen!", sagte Robert und stellte sich mit dem Rücken zur Wand. „Befriedige mich mit der Hand!" Robert gehorchte, damit endlich dem Treiben ein Ende gesetzt wurde und um Repressalien aus dem Wege zu gehen. Pruml´s Stöhnen wurde immer lauter. „Das hast du gut gemacht, Volek." Robert ärgerte sich, dass er wieder der Gewalt unterlegen war. „Aber jetzt sagst du nicht mehr, was du gesehen hast! Oder?" – „Fürs Erste nicht." Pruml machte seine Hose zu.

Wen hatte er im Lehrlingsheim als „Vertrauensmensch"? Niemanden. Roeth hatte ihm schon mit Eggenburg gedroht. Schreck würde ihm auch nicht glauben. Geschweige Rohr, nein, der war auch nicht vertrauenswürdig. Cwack mit seinem schnalzenden Schnauben kam auch nicht in Frage …

Als Robert den Springererzieher Walter Roeth im Lehrlingsheim Weidlingau um Hilfe bat, erklärte dieser: „Halt die Goschn! Lüge nicht andauernd." Da musste er wieder klein beigeben.

Franz Streithansl

Franz Streithansl, seines Zeichens Tischlermeister, hatte einen Gesellen namens Karl und einen Lehrling namens Robert Volek beschäftigt und unter Vertrag. Die Werkstatt befand sich Ecke Avediktstraße / Denglergasse, im 15 Bezirk, Nähe Schweglerbrücke. Über Stufen in den „Keller" gelangte man in die Werkstatt. Für Robert galt striktes Rauchverbot in der Werkstatt.

„Robert haaz ein!", befahl der Geselle Karl seinem Lehrbuben. „Aber anständig, ich brauch den Perl-Leim zum Furnieren."

Der braune Perl-Leim wurde aus Knochen gewonnen und roch stark nach Käse. Kleine, bernsteinfarbene Perlen, die vor Gebrauch im Wasser quellen müssen, verschmelzen bei ca. 65 Grad Wärme zu einer zähen Flüssigkeit, die als Leim für Furnierarbeiten und Restaurierungen alter Möbel sowie für den Musikinstrumentenbau verwendet wird.

Robert musste schon zeitig in der Früh den „Schartenofen" (Ofen für Hobelspäne, Sägespäne und Schleifstaub) einheizen. Die Prozedur alleine verlangte gute 30 Minuten an Zeit.

Der Ofen bestand aus einem eisernen Fass, oben hin geöffnet und mit einem Eisendeckel zu verschließen, sowie einer kleinen Türe für die Zuluft im Ofen. Auf der Seite des Körpers war ein Ofenrohr befestigt, das ca. zwei Meter in die Höhe ragte, um in der Wand zu verschwinden. In der Mitte des Fasses stellte Robert einen Holzpfosten von ca. 10 x 10 cm und 1,2 Metern Länge. Altes Zeitungspapier und Holzspäne dienten als Brennmaterial. Die von der Hobelmaschine erzeugten Späne und Holzstaub von der Schleifmaschine wurden mittels Rohrsystem von der Werkstatt abgesaugt und in einen eigenen Raum, den „Scharten Raum", geblasen.

Robert holte vom Scharten Raum die brennbaren Holzrückstände und stopfte diese um den Pfosten. Mit einem zweiten Pfosten wurden die Holzspäne fest zusammengepresst. Der stehende Pfosten wurde entfernt, der Deckel auf den Ofen gelegt und beim Türchen wurde das Zeitungspapier angezündet. „Pffff" hörte Robert die Zugluft im Ofen. Er war zufrieden, denn der Ofen war von ihm richtig eingeheizt worden. Auf den Deckel stellte Robert ein Gefäß mit Wasser, das zum Kochen gebracht wurde. Ins kochende Wasser wurde ein kleineres Gefäß mit dem aufgequollenen Perlleim gestellt. Robert musste aufpassen, dass der Perlleim auch die richtige Konsistenz hatte und dass kein kochendes Wasser in den Perlleim gelangte.

Während Karl seine Furnierarbeiten machte, musste Robert auf der Stemmmeißel-Maschine Regale für den Schuherzeuger Humanic anfertigen. Dabei wurden in die Steher rechteckige Löcher gestemmt, damit die Zapfen der Quersprossen eingeleimt werden konnten. Robert widerte die Arbeit an. Er stemmte schon seit über 14 Tagen an dem Regalsteher herum. Ein Ende war nicht abzusehen. Streit hatte einen dicken Auftrag von Humanic bekommen.

Robert machte eine Kunstpause. Er setzte sich auf die WC-Muschel und zog gierig an der angezündeten Austria C Zigarette. Dann ging er wieder in die Werkstatt. „Geh, hauch mich einmal an!", befahl Karl dem Lehrling. „Na wirklich nicht", entgegnete Robert. Er drehte sich vom Gesellen weg, um an der Stemmmeißel-Maschine weiterzuarbeiten. Und zack – bekam Robert vom Gesellen einen Tritt in seinen Allerwertesten. „Des machen S' mir nimma!", schrie Robert Karl an. „Na? – Des mach i nimma?", fragte Karl nach. „Genau!" und knall – erhielt Robert den nächsten Tritt. Er hielt sich seine Po-Backen. Robert schwieg aus Scham und erzählte niemandem von den Tritten auf seinem Ar….

Fachlehrer Gud

In der ersten Berufsschulklasse hatte Robert den Fachlehre Gud als Klassenvorstand. Die Berufsschule befand sich im 15 Bezirk, Hütteldorferstraße, Nähe Stadthalle. Gud war ein kleiner, etwas fettleibiger Mann mit grauem Haar und rundem Gesicht. Sein rechter Fuß war im Krieg verletzt worden, wodurch er etwas hinkte. Gud war stets mit einem weißen Arbeitsmantel bekleidet und stolz darauf, Fachlehrer in der Berufsschule zu sein.

„Auf dem Plan ist die waagrechte Ansicht rot zu schraffieren, die Stirn-Ansicht blau und die Draufsicht gelb!", sprach Gud, während er die Bankreihen hinkend durchschritt, um die Fachzeichnungen der Lehrlinge – ein selber gezeichneter Möbelplan – zu begutachten.

Die Tuschegläser standen auf dem Pult in einer Vertiefung, in der Mitte. Robert tauchte den Pinsel in die rote Farbe, als Gud bei der Schulbankreihe vor ihm die Fachzeichnung eines Schülers kontrollierte. Malerisch schrieb Robert auf dem weißen Arbeitsmantel – auf dem Rücken Guds: „Gud". Hinkend ging Gud weiter von Reihe zu Reihe von Bank zu Bank.

Zuerst war nur ein leises Lächeln der Klasse wahrzunehmen. Je mehr Schüler den Rücken Guds betrachtet hatten, umso lauter wurde das Gelächter. Gud war ziemlich irritiert. „Warum lacht ihr alle?", wollte er von den Lehrlingen wissen. „Schauen Sie einmal Ihren Arbeitsmantel an!", ertönte eine verräterische Stimme. Gud betrachtete seinen Bauch, der Blick ging zu den Taschen. „Was soll ich da sehen?", wollte er wissen. „Sehen Sie mal auf den Rücken!" – „So ein Arsch, der Nemetz!", stellte Robert leise fest, während Gud seinen Arbeitsmantel auszog.

„Wer war das?" – Niemand meldete sich. „Wer war das?", ertönte die gleiche Stimme etwas lauter. Mit einer Hand deutete Gud auf die rote Schrift am Rücken seines Arbeitsmantels. „Ich, Herr Fachlehrer!" – „Volek, komm mit mir vor das Klassenzimmer. Ich will mit dir reden!" – „Du bist schon ein Depp!", stellte Gud fest, als sie draußen waren. Robert sah zu Boden und entgegnete: „Entschuldigung, Herr Fachlehrer. Es tut mir leid!" Es tat ihm echt leid, zumal Gud jetzt sehr hilflos auf Robert wirkte und ER die körperliche Behinderung ausgenützt hatte, um Gud vor der Klasse lächerlich zu machen. „Herr Fachlehrer, ich will Ihnen den Mantel ersetzen." – „Bua, das will ich nicht. Überlege, was du gemacht hast." Robert war mulmig zumute. Er hatte einen Behinderten einen Schaden angerichtet und vor der Klasse lächerlich gemacht.

Robert schämte sich. Am liebsten hätte er sich jetzt aufgelöst. „Ich weiß, dass du im Lehrlingsheim bist. Ich verzeihe dir, aber ich muss es der Schulleitung melden, da die Mäntel von der Schule aus gereinigt werden." Robert nickte und hauchte: „Es tut mir leid, Herr Fachlehrer!" – „Ist schon gut, gehe in die Klasse rein."

„Ihr fertigt in eurem Lehrbetrieb einen Schemel an", formulierte Berufschullehrer Gud von der Klasse die zugewiesene Aufgabe. „Die Maße von 40 cm Länge, 25 cm Breite, Gesamthöhe 30 cm und Holzdicke 25 mm sind einzuhalten." Robert hatte die Maße in ein Heft geschrieben. „Fragt aber bitte euren Lehrherrn, ob ihr in der Werkstatt während der Arbeitszeit den Schemel anfertigen dürft!"

Ladung in die Schule

Ein paar Tage später ließ Heimleiter Rohr Robert in die Kanzlei rufen. Er hielt eine hellgrüne Ladung in den Händen und übergab sie ihm. Robert las:

„Ladung: Sie werden ersucht, in Angelegenheit des Lehrlings Volek Robert, Schüler der Klasse 2a mit dieser Ladung am 19.2.68 um 16:00 Uhr bei dem Unterfertigten in der Schule, 2. Stockwerk, Zimmer 8 vorzusprechen. Stempel: Berufsschule für Tischler, Wien 15. Hütteldorferstraße 7 – 17 Unterschrift: Otto Gud", Robert war die Röte ins Gesicht gestiegen.

Rohr sah Robert an. „Was sagst du dazu?" Robert erzählte den Hergang seines Benehmens. Rohr dazu: „Drei Wochen Hausarrest und drei Wochen Fernsehverbot! Verstanden?" – „Ja, Herr Heimleiter."

Privatfoto: Vorladung zur Berufsschule

Blut-Stockerl

Meister Streithansl erlaubte Robert, den Schemel in seiner Arbeitszeit zu machen. Er schnitt das Holz laut angegebenen Maßen zu, verleimte die Bretter und schliff die Oberfläche des Holzes mit feinem Schleifpapier glatt. Robert wollte ein extra schönes Werkstück anfertigen. Er setzte sich zur Hobelbank und nahm ein Brett, das er vorher angezeichnet hatte, in die linke Hand. Ein superscharfes Stemmeisen diente als Werkzeug. „Ritsch, ratsch" stemmte er im vorgezeichneten Feld das Holz zu Spänen. „Robert, wo hast du das Schleifpapier mit der 240er Körnung hingelegt?", fragte Karl, da er eine lackierte Fläche glattschleifen wollte. „Na eh am Platz unterm Fenster, Herr Karl", antwortete Robert. Er deutete mit seinem Kopf zum Fenster und – „Autsch!" Robert war mit dem Stemmeisen ausgerutscht und stach damit in den linken Daumen. Eine ca. 3 cm lange, stark blutende Wunde kam zum Vorschein. „Scheiße, ich habe mich geschnitten!", rief Robert zu Karl hin. „Herr Karl, können Sie mich bitte verbinden?" – „Mei bist du blöd, Bua!" Karl suchte geeignetes Verbandszeug, während er mit Robert schimpfte! „Du waast doch, dass man seine Hand nie vorm Werkzeug hält, mit dem man arbeitet!" – „Ich hab´ eh nur kurz weggeschaut, Herr Karl, und schon war des Stemmeisen im Daumen drinnen." Karl verband ihn und schüttelte seinen Kopf. „A so a Trottel!", hörte ihn Robert schelten, als er hinter Karl die Stufen rauf zu dessen Auto eilte. Beide fuhren ins Hanusch Krankenhaus, wo man Robert die Schnittwunde mit einem Pflaster zusammenklebte. Ein dicker Verband wurde ebenfalls angelegt. Robert war für 14 Tage von Dr. Behm, Heim-Arzt, krankgeschrieben worden.

Heimleiter Rohr war nicht sehr begeistert, dass Robert 14 Tage im Heim war und nicht arbeiten gehen konnte. „Jetzt hast du Zeit, dein Werkstatt-Wochenbuch und deine Schulaufgaben fertigzustellen!", ordnete Rohr an. „Ich sehe mir dein Ergebnis an, wenn du fertig bist." – „Jawohl, Herr Heimleiter", bestätigte Robert die Anordnung. Robert durfte im Heim Tätigkeiten machen, die nichts mit seinem Beruf gemeinsam hatte: Erzieher Cwack Auto waschen, Gartenarbeiten machen, Küchendienst schieben und Filme von der Lichtbildstelle der Gemeinde Wien abholen und wieder hinbringen.

Berufsschule für Tischler. 15. Bezirk, Hütteldorferstraße. Privatfoto Volek

Lohnerlag

Freitag. „Endlich gibt's Geld vom Lehrherrn" Robert rechnete im Geiste nach, wieviel „Kröten" er wieder im Heim abliefern musste und wie viel Schilling ihm blieben. Stolze 80,00 Schilling verdiente er im ersten Lehrjahr.

„Wer ist der Nächste?", fragte Erzieher Cwack. Cwack ist ein komischer Kauz, dachte Robert. Wollte er auf sich aufmerksam machen, dann war ein abgehacktes Schnauben zu hören und alle Jungs wurden still. „Komm her, Volek." Cwack wollte Roberts Verdienst kontrollieren. „80,00 Schilling hast du erhalten. Davon sind 15,00 Schilling für die Wochenkarte, 10,00 Schilling als Taschengeld und 8 Schilling für den Friseur. Der Rest von 47,00 Schilling wird als Lohnerlag einbehalten", vermeldete er. Er stellte Robert einen Beleg aus, auf dem als Kasseneingang 47,00 Schilling vermerkt wurden, und die Abzüge von den 80,00 Schilling gesondert angeführt wurden. Diesen

Beleg musste Robert einordnen. „Dass du mir aber am Samstag ja zum Friseur gehst!" – „Ja, Herr Cwack", lächelte Robert.

Der Friseur sah Robert am Samstag nicht. Er kaufte sich für die 8 Schilling lieber 10 Nil Zigaretten um 5,50 Schilling und 10 Austria C um 2,50 Schilling. „Küchendienst zwei Wochen", bürdete Cwack Robert auf.

Myrthengasse

In der Myrthengasse im 7 Bezirk war die Lehrlingsuntersuchungsstelle der Wiener Gebietskrankenkasse untergebracht. Robert bekam eine Art Vorladung zur Untersuchung. Diese musste sein Lehrherr unterschreiben. Meister Streit war nicht zufrieden mit dieser Vorladung. Wenn Robert untergewichtig war, wurde er in ein Heim des ÖGB eingewiesen, wo er an Kilos zunehmen sollte. Widerwillig unterschrieb Streit diesen Zettel. „Du brauchst aber nicht glauben, dass du auf Urlaub fahren kannst. Das werde ich dir verbieten!", belehrte ihn sein Lehrherr.

67 kg brachte Robert auf die Waage und war dabei 1,83 cm groß. „Eindeutig untergewichtig!", stellte der Arzt während des Abhorchens seines Brustkorbes fest. „Wir werden dich in ein Gewerkschaftsheim schicken. Ist dir das recht?", wollte er von Robert wissen. „Mein Meister sagte, dass er mir diesen Urlaub nicht bewilligen wird." – „Sag A!" – „Aaaaa!" – Der Arzt fuhr mit einem Spatel in den Mund und leuchtete mit einer Taschenlampe hinein. Er tastete Roberts Hals ab. „Hose runter!" – Was will er in meiner Unterhose suchen? Es ist alles vorhanden! dachte sich Robert schmunzelnd. „Husten!", befahl der Arzt. „Chust, chust!" – „Hose wieder anziehen." Und weiter: „Dein Lehrherr darf dir diesen Urlaub, der durch eine Gesunden Untersuchung bekundet wird, nicht verbieten. Falls du Schwierig-

keiten in der Arbeit hast, wende dich an den ÖGB!" Er hielt Robert eine Zeitbestätigung und ein Formular zum Ausfüllen hin. „Fülle dieses Formular aus und sende es uns, unfrankiert. Die Zeitbestätigung gibst du in der Firma ab."

„Du wirst sicher nicht in den Urlaub fahren. Du wirst arbeiten!" Robert gab dem Meister die Zeitbestätigung in die Hand. Er gab auf die Bemerkung Streithahns keine Antwort, sondern stellte sich zur Stemmmeiselmaschine, um an den Regalen für die Fa. Humanic weiterzuarbeiten.

Auhof-Mädchen

Der Duschraum befand sich im ersten Stock des Lehrlingsheimes Ha-Wei. Jeden Donnerstag mussten die Jungs unter die Dusche. Das hatten die Mädchen vom Auhof-Lager erfahren. Sie stellten sich auf den Bahndamm und schauten mit dem Fernglas in den Duschraum. Es gab im Duschraum keine Vorhänge an den Fenstern. Natürlich hatte sich Robert zu einer Strip-Gruppe gesellt und beim Fenster sein bestes Stück den Mädchen gezeigt. Die Mädchen hüpften auf dem Bahndamm und begannen laut zu kreischen, während die Hände wild Richtung Lehrlingsheim gewunken hatten.

Erzieher Schreck, Roberts Gruppenerzieher, hatte das Zur-Schau-Stellen der Geschlechtsteile mitbekommen und meinte; „Sads bled gworden? Stott, dass die Auhof-Weiba strippen, stellt ihr euch nockat vors Fensta!", und lachte. „Kummts, beeilts eich mit dem Duschen. Wir machen nochha a Kastenkontrolle", wurde er gleich wieder dienstlich. Schreck, seines Zeichens Dialekt-Meister, sprach im ärgsten Dialekt. Robert musste oft lachen, wenn er seine Worte in die Gruppe schmetterte.

Jeder Zögling musste sich zu seinem Kasten stellen. Alle Utensilien wie Gewand, Schulsachen, Privateigentum und Schuhe hatten von Schrecken einen Platz im Kasten zugewiesen erhalten. Diese Ordnung war strikt einzuhalten.

Robert öffnete die Kastentüre. „Na, bist angetritschkert?" – „Was bin ich, Herr Schreck?" – „Na blöd geworden!", übersetzte er seinen persönlichen Dialekt. „Wieso hast du deinen Schuiranzen auf'm Kastenboden gstellt? Wüst du drauflatschen?" Er suchte etwas, hob dafür das Gewand vom Fachboden in die Höhe. „Na, wos homa do?" – Triumphierend hielt er eine Schachtel Nil in der Hand. „Du waast do, dass du im Heim net tschiken derfst?" – „Ja, Herr Schreck." – „Na guad! I hab nix gsehn", zwinkerte er Robert zu. „Oba tua ja net im Heim rauchen. Heimleiter Rohr wü des net." – Robert versprach, nicht im Heim zu rauchen. „De Schuach ghören auf den Kastenbodn, vagiß net de obe zräuma." Schreck legte die Schachtel Nil wieder unters Gewand und schritt zum nächsten Kasten

Heimordnung

„Immer diese Heimordnung!", dachte Robert im zweiten Lehrjahr. Am Tag in die Arbeit gehen, am Abend, wenn er müde ins Heim gekommen war, wieder Heimordnung praktizieren. Jeden Tag das Gleiche. Die Heiminsassen mussten ihr Geschirr selber abwaschen und abtrocknen. In der Früh hatte der im Krankenstand verweilende Zögling das Geschirr zu waschen. Abends und am Wochenende waren Zöglinge für den Küchendienst eingeteilt worden. Das Menage-Geschirr wurde auf ein Tablett gestellt und ins Lehrlingsheim Leopoldstadt gebracht, in der heimeigenen Küche wurde das Geschirr angefüllt und mit dem Transporter wurde es wieder nach Weidlingau gebracht und auf die drei Gruppen verteilt. Daher hatte jedes Reinl eine andere Nummer. Mit dem befüllten Reinl wurde auch das Abendessen oder das Mittagessen nach Weidlingau gebracht. Oft genug war das Essen ungenießbar, da es nicht gut gekühlt war und im fest verschlossenen Kapsch angeliefert wurde.

Montag: 6 Uhr aufstehen. Frühstück 2 Margarinebrote, Milch oder Tee, Pausenbrote mitnehmen, das waren zwei Wurstbrote, die in weißes, übergroßes Packpapier eingewickelt waren. Nach der Schule ins Heim. Lernabend, da musste er Werkstattwochenbuch führen. Alles, was er in der Lehrwerkstatt gearbeitet hatte, war hier festzuhalten. Wenn möglich mit Zeichnungen und Skizzen. Dieses brauchte er für die Gesellenprüfung. Dann noch die Aufgaben von der Berufsschule machen: Mathe, Politische Bildung, BWU – ach wie hasste er dieses Fach Betriebswirtschaftlicher Unterricht –, Fachzeichnen.

Menage-Reinl herrichten, das heißt reinigen und auf ein Tablett stellen (Robert hatte die Nummer 22), Körperpflege und schlafen gehen. Zwei Gruppen waren in zwei Schlafsälen untergebracht, die mit 20 Stockbetten ausgestattet waren.

Dienstag: 6 Uhr aufstehen. Körperpflege, Frühstück. Menage-Reinl einpacken. „Den Saufraß isst eh keiner! Jeden Tag das sauer gewordene Essen mitnehmen!" Robert musste öfters in der Woche das Essen wegschmeißen, da es sauer geworden war. Werkstätte fahren. Am Abend wieder ins Heim fahren. Abendessen. Menage-Geschirr waschen und aufs Tablett stellen. Dusch-Tag, Finger- und Zehennägel-Kontrolle, Körperkontrolle, Fernsehabend bis 22 Uhr.

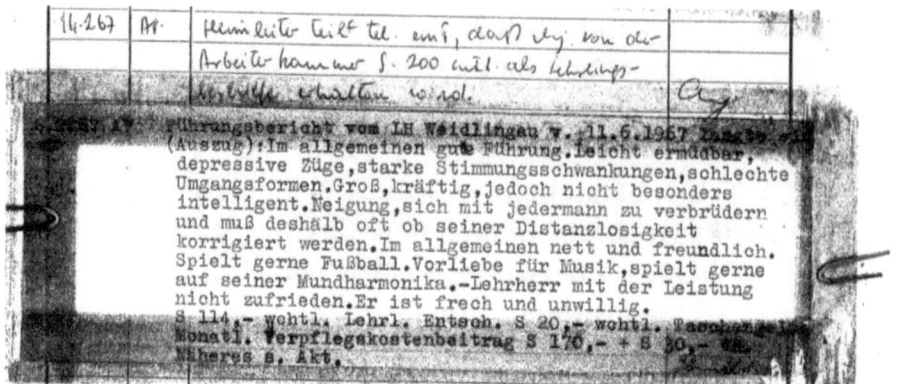

Privatfoto Robert Volek

Mittwoch: 6 Uhr aufstehen, Robert wurde immer unsanft vom Erzieher geweckt. „Aufstehen! Gemma, Zeit wird's!" Frühstücken. Körperpflege. Menage-Geschirr einpacken. Arbeit fahren. Hackeln. Müde nach Hause fahren. Abendessen. Menage-Geschirr waschen. TV schauen. Wäschetausch.

Donnerstag: 6 Uhr aufstehen. Waschen. Frühstück. Menage-Geschirr einpacken. Arbeit fahren. Hackeln, dass die Schwarten krachen. Müde ins Heim fahren. Abendessen. Spind-Kontrolle. Werkstattwochenbuch-Kontrolle, Aufgabenkontrolle, Lernstunde. Dusch-Tag. Reinl herrichten.

Freitag: 6 Uhr aufstehen. Körperpflege, Frühstück. Menage einpacken. Arbeit fahren. Abend wieder ins Heim fahren. Lohnerlag. Robert musste seinen Lohn abliefern und durfte sich 10 Schilling Taschengeld und 15 Schilling für die Wochenkarte behalten. Den Betrag von 80,00 Schilling im zweiten Lehrjahr hatte er dem Erzieher vorzulegen, der ihm das Geld einteilte. TV schauen – jeden Freitag vor dem Abendprogramm war eine zeitgeschichtliche Sendung mit Vincenz Ludwig Ostry zu sehen, der Bundespräsident-Sprecher war. Robert ödete dieses Programm an. Im Speise- und Festsaal war ein Fernsehprojektor aufgebaut. Auf einer Leinwand konnte er alles überdimensional sehen. 22 Uhr Nachtruhe. Fallweise durften die Zöglinge den Nachtwestern sehen.

Samstag und Sonntag durften die Lehrlinge bis 7 Uhr schlafen. Gemeinsame Körperpflege stand ebenso auf dem Programm wie gemeinsames Frühstück oder Mittagessen oder Abendessen. Das Geschirr musste der Küchendienst abwaschen. Die Zeit dazwischen wurde Tischtennis gespielt, Gartenarbeiten gemacht, Radio gehört, Autos von Erziehern und Heimleiter gewaschen. Robert spielte gerne auf dem Flügel.

Es wurde auch etwas Sport getrieben, wenn der Tennisplatz nicht schon von Erziehern besetzt war. Ausgang hatte Robert selten. Wo sollte er auch hingehen? Man hatte ihm strikt verboten, zu seiner Mutter zu fahren. Dies war extra im Akt vermerkt worden und alle Erzieher wussten, dass Robert keinen Kontakt zur Mutter haben durfte. Der Psychologe hatte dies angeordnet.

Sperma

Erzieher Hellan war stets mit einem weißen Arbeitsmantel bekleidet und wog bestimmt 130 Kilo. Zudem hatte er eine spiegelnde Glatze. Im Zivilberuf war er Chemiker. Oft erzählte er der Gruppe 2, dass er das Kandisin miterfunden habe. Sein außerordentlicher Geruchssinn vermochte so manchen Geruch festzustellen, der mit normalen Nasen nicht zu erschnuppern war. Sonntag weckte er um 7 Uhr die Zöglinge, kam ins Schlafzimmer und stellte fest: „Guten Morgen Jungs, aufstehen und Fenster auf. Hier stinkt es nach Sperma!" Er ließ die Schlafzimmertüre offen und ging ins nächste Schlafzimmer, um die schlafenden Zöglinge ebenso zu wecken. Im ersten Stock waren zwei

Schlafzimmer mit je 15 Stockbetten. Die dritte Gruppe hatte im zweiten Stock ihr Schlafzimmer.

Der Tag der Abfahrt nach Prein an der Rax ins Lehrlings-Erholungsheim rückte immer näher. Robert freute sich schon, bald vom Heim nichts mehr zu sehen.

Prein an der Rax

In Prein an der Rax hatte der ÖGB sein neuestes Heim für Lehrlinge bauen lassen. Lehrlinge, die laut Wiener Gebietskrankenkasse aufgepäppelt werden mussten, wurden in ganz Österreich verteilt. Robert durfte ins neue Heim in Prein an der Rax. Er freute sich schon auf dieses Heim. Zigaretten und alle Habseligkeiten wurden eingepackt. „Fahrkarte?" – Ja, die hatte er nicht vergessen.

Der Heimleiter von Prein/Rax, Herr Neumeier, hieß die jungen Lehrlinge willkommen und erklärte die Heimordnung. „Rauchen bitte nicht in den Zimmern!", mahnte er die Jugendlichen. „Im Parterre gibt es einen eigenen Raum zum Rauchen. Im Freien steht ein Aschenbecher. Werft bitte eure Tschik hinein und nicht daneben. Mittagessen gibt es um 12:30 Uhr. Frühstück um 7:30 Uhr. Falls jemand Hunger hat, darf er sich von der Küche etwas holen. Abendessen gibt es um 19:00 Uhr!" Er musterte die Lehrlinge.

„Hat noch jemand Fragen?" – „Haben wir auch Ausgang?" – Wie ist dein Name?" – „Robert Volek" – „Robert, Ausgang habt ihr am Samstag und Sonntag. Ihr müsst aber eurem Betreuer, in deinem Fall ist es Herr Alois Zoisl, mitteilen, wo ihr zu erreichen seid. Und übrigens! Hier wird auch gelernt. Montag, Mittwoch und Freitag. Am Vormittag zwei Stunden – natürlich mit Rauchpause – und am Nachmittag nach der Mittagsruhe ebenfalls zwei Stunden. Am Nachmittag dürft ihr nach dem Lernen eure

Freizeit selber gestalten. Dienstag und Donnerstag werdet ihr mit eurem Betreuer Spaziergänge auf die Rax und den Schneeberg machen." – „Noch Fragen? Danke für eure Aufmerksamkeit. Herr Zoisl wird euch die Zimmer zeigen!"

Herr Alois Zoisl war ein älterer Betreuer mit grauem Haar, einer großen Hakennase und ca. 185 cm groß. Braungebrannt war er, auch jetzt im Februar. Sein steirischer Dialekt kam Robert etwas komisch vor. Er konnte nicht alles verstehen und musste oft nachfragen.

Robert kam in ein Zweibettzimmer, allerdings lag er in diesem Zimmer alleine, da sein Zimmerkollege erkrankt war. Robert war es nur recht, wenn er alleine schlafen konnte. Was kann man schon in einem Gewerkschaftsheim lernen? Natürlich über die Pflichten und RECHTE des Lehrlings, des Lehrherrn oder der Lehrfrau. Die Rechte wurden seitens der Gewerkschaft viel gelehrt. Zur Hilfe kam ein Fachpersonal von der Arbeiterkammer aus Wien. „Na, net den schon wieder!" Robert war angefressen. „Was macht der Pruml da?" – Grüß euch. Mein Name ist Pruml, Otto Pruml. Ihr dürft mich Otto rufen. Ich stehe euch mit Rat und Tat zur Seite!" Er sah die Lehrlinge an. Sein Blick blieb bei Robert stehen. „Ja, wen sehen meine verklärten Augen hier?" Alle lachten. „Grüße dich, Robert. Robert ist vom Lehrlingsheim Weidlingau. Wir kennen uns vom Heim." Robert wäre am liebsten im Boden versunken.

Handschriftlicher Vermerk: ÖGB-Urlaub Prein/Rax

Musste dieser Arsch vor allen sagen, dass Robert aus dem Heim kam? – „Hallo Otto!", erwiderte Robert den Gruß. Otto Pruml war von der Gewerkschaft beauftragt worden, die Rechte und Pflichten des Lehrlings zu unterrichten. Otto unterrichtete echt super und für alle verständlich. Über den Kollektivvertrag, über Urlaubsanspruch und Kündigungszeit hatte Otto viel zu erzählen. Über die Abfertigung wurde gesprochen, war aber für den Lehrling noch nicht relevant, meinte er.

„Die Arbeiterkammer hat jetzt ganz neu einen Unterstützungsfonds eingerichtet, um Lehrlinge, die nicht begütert sind, finanziell zu unterstützen." – „Wie ist das zu verstehen?", fragte Robert. „Der Lehrling erhält eine sogenannte Beihilfe. Sie wird monatlich an den Lehrling ausbezahlt und muss jährlich beantragt werden." Er verteilte Fragebögen, die gleichzeitig als Antragsformular für die Unterstützung gedacht waren. Robert füllte sein Formular aus und übergab es Otto.

„Herr Suran von der Arbeiterkammer wird dieses Formular begutachten und der Kommission vorlegen. Herr Suran kommt nach meinem Unterricht zu euch. Er wird euch Näheres sagen."

Herr Suran hatte Roberts Antrag sorgfältig gelesen und gemeint: „Robert, die Chance, dass du eine Beihilfe bekommst, steht gut. Ich werde mit meinen Kollegen deinen Fall besprechen. Du erhältst ein Schreiben von der Arbeiterkammer, in welchem dein Antrag abgelehnt oder bewilligt wird." – „Danke, Herr Suran." – „Nichts zu danken."

Abends hatten sich die Lehrlinge im Raucherraum eingefunden. Es wurde diskutiert und Erfahrungen mit den Lehrlingen ausgetauscht. Robert war nach dem Genuss seiner Zigarette auf sein Zimmer gegangen. Er legte sich hin und hörte Radio. Dabei schlief er ein.

Name des Kindes:			
Datum	A.V. M.B. Schule E.B. H.B.	Bericht	Fürsorgerin
20.10.66	AV	*Heimleiter teilt die Leitstelle der Vg. mit.* *Siehe dem Deckblatt. Ver.f. zurück.*	*Cv*
		Volek Robert befindet sich seit 11.8.1966 im Wr.städt.Lehrlings= heim Weidlingau.Seine Einordnung in die Heimgemeinschaft erfolgte ohne Schwierigkeiten. Der Junge ist nur geringfügig belastbar.Aufträge in unmittel= barer Reihenfolge machen ihn störrisch und rufen Opposition hervor. Sein Verhältnis zur Mutter muß als schlecht bezeichnet werden. Er macht ihr Vorwürfe ob ihres Lebensgefährten und spielt sich ihr gegenüber als Richter auf. Seit 17.8.1966 lernt er das Tischlerhandwerk bei der Fa.Streit in Wien 15,Denglergasse 14. Der Junge ist in der Fa.willig und fleißig,bedarf aber ständig der Kontrolle des Meisters. Wöchentliche Lehrlingsentschädigung.............. S 80.- (30.WB) Monatlicher Verpflegskostenbeitrag.............. " 79,23 An Taschengeld stehen ihm wöchentlich S 30.- zu Verfügung.	*Cvik e.h.*
14.2.67	AV	*Heimleiter teilt tel. mit, daß vg. von der Arbeiterkammer S. 200 mtl. als Lehrlings-...*	*Cv*

Privatfoto: Gutachten erstellt vom Erzieher. Vermerkt wurde, dass Robert 200 Schilling von der Arbeiterkammer als Lehrlingsbeihilfe monatlich erhält. In 2 Jahren 4 800 Schilling …

Irgendetwas war auf einmal ungewöhnlich. Er spürte unter seiner Decke Bewegungen in Richtung seines Schritts. Er riss die Decke weg. Was musste er da sehen? Pruml hatte sich anscheinend im Zimmer verirrt und war in Roberts Zimmer eingedrungen. „Pssst!", machte er. Robert stand auf und lief aus dem Schlafzimmer. Auf dem Gang holte Pruml ihn ein, packte seinen linken Arm und sprach: „Wenn du Mucken machst, dann weißt eh, was dir blüht. Du gehst mit mir auf mein Zimmer. Ich will mit dir reden." – „Ich will nicht! Lass mich in Ruhe!" – „Wie du willst! Ich gehe morgen zur Polizei und mache die Anzeige!", erpresste Pruml Robert erneut. „Du hast mir versprochen, dass du niemandem etwas erzählen wirst." – „Ich habe gesagt, dass ich fürs Erste nichts sagen werde!", entgegnete Pruml. „Du bist echt ein Arsch!" Praml zerrte Robert in sein Zimmer. – „Komm, heute das letzte Mal. Ok?" – „Ok, aber wirklich das letzte Mal! Aber ich will ihn nicht im Mund haben. Ich werde dich nur mit der Hand befriedigen!" – „Darf ich dich dabei streicheln?" – „Ok. Aber ohne mein Glied anzufassen!" – „Gut. Einverstanden." Pruml entkleidete sich vollständig. Robert musste sich halb nackt aufs Bett setzen. Er streichelte den sitzenden Robert, der mit der Hand Pruml befriedigte. Pruml stöhnte widerlich. „Danke. Geh jetzt auf dein Zimmer!" ... Robert wusch sich die Hände und ging in sein Zimmer. Er schämte sich. „Warum wird mir nicht geholfen?", sinnierte er.

Robert dachte lange darüber nach, wie er gegen Prumls Erpressungen ankämpfen konnte. Er würde, wenn er wieder in Wien war, Pruml bei der Gewerkschaft anzeigen. Vielleicht ließ er dann von Robert ab ...

A g´führiger Schnee

Alois Zoisl wanderte mit den Lehrlingen am nächsten Morgen um 9 Uhr auf die Rax. Der alte Mann imponierte Robert. In der Nacht war Schnee gefallen. Zoisl warf sich von einem Schneehaufen in den anderen und lachte dabei wie ein kleines Kind. „Macht es mir nach!", animierte er die Jungs. „Hurra!" Die Lehrlinge waren ausgelassen und fühlten sich richtig wohl, sich einmal gehen lassen zu dürfen! Sie schrien um die Wette, lachten, machten eine Schneeballschlacht und rieben Zoisl mit Schnee ein. Zoisl lachte nur und ermunterte die Lehrlinge, aus sich herauszugehen. Das erste Mal, dass Robert einen Betreuer sah, der mit den „Zöglingen" spielte, als wären alle Kinder. Auf der Rax kehrten sie in ein Rasthaus ein, Zoisl lud die Jungs ein.

Eine heimliche Liebe entdeckte Robert im Heim, ein Lehrmädchen, etwas mollig mit blonden kurzen Haaren. Schöne runde Brüste hatte diese Elli. Sie küssten sich leidenschaftlich und hielten sich an den Händen. Elli war im 2. Lehrjahr und erlernte den Beruf einer Köchin. Leider konnte Robert sie nicht oft sehen, da das Mädchen nur selten zu erreichen war. Nur wenn er eine Stunde Pause hatte, dann versuchte Robert von der Gruppe wegzukommen, um Elli zu sehen und mit ihr eine Zigarette zu rauchen.

Payerbach/Reichenau

In Payerbach/Reichenau war ein Mädchenheim, das von der Gewerkschaft betreut wurde. Schnell war die Neuigkeit im Bubenheim verbreitet. „Wer fährt mit, Mädchen besuchen?"
Vier oder fünf Jungs waren gleich dabei. Mit dem Postautobus fuhren sie nach Payerbach/Reichenau. Die Mädchen hatten ebenfalls Ausgang. Robert und die anderen Jungs luden die Mädchen ins Kaffeehaus ein. Eingehängt „lieferten" die Jungs die Mädchen im ÖGB-Heim ab und versprachen wiederzukommen. Dann sollte eine Fete starten ...

Eine Woche später trafen sich die Burschen mit den Mädchen und landeten im Festsaal des ÖGB-Mädchenheimes. Hier wurde getrunken, natürlich alkoholfreie Getränke. Snacks waren von den Mädchen vorbereitet worden. Es wurde getanzt und viel gelacht. Alte Hadern wurden auf dem Plattenspieler aufgelegt. Ein schöner Nachmittag ging zu Ende. Am nächsten Tag sollte die Heimreise angetreten werden. Etwas wehmütig dachte Robert an dieses Lehrlingsheim des ÖGBs...

Im Zug Richtung Wien-Westbahnhof schloss Robert die Augen. Er ließ die vier Wochen Gewerkschaftsheim Revue passieren. Ja! Super waren diese vier Wochen. Er wollte wiederkommen, wenn es die Gebietskrankenkasse bewilligte. So dachte er bei sich. Er hörte nur mehr das Rattern der Räder über die Gleise … Am Westbahnhof wurde er von den anderen geweckt. Jetzt würde er sofort zum ÖGB gehen und Praml anzeigen …

ÖGB

Robert war in die Zentrale des ÖGB gefahren. Er wollte sich über Prumls Homo-Sexleidenschaft beschweren und dass Pruml ihn erpresste, wollte er dem Referenten mitteilen. „Wenn du jetzt Lügengeschichten erzählen willst, dann werde ich deinen Heimleiter informieren." – „Das können Sie ruhig! Wenigstens wird diesbezüglich etwas dagegen unternommen." Robert wollte unter allen Umständen den Täter des sexuellen Missbrauchs anzeigen. Er hoffte auf den Gewerkschafts-Referenten und seine Mithilfe. Der Referent griff zum Hörer und rief im Lehrlingsheim an. Rohr war nicht zugegen. Herr Cwack sagte dem Referenten, dass er Volek ausrichten könne, wenn er lüge, werde er nach KE versetzt. Niemand wollte ihm glauben. Daher sonderte sich Robert von der Gewerkschaft ab und kündigte seine Mitgliedschaft auf.

Die Arbeiterkammer hatte Robert eine Unterstützung von zweihundert Schilling pro Monat bewilligt. Robert musste den Einschreibebrief unterschreiben. Das Geld, das die Arbeiterkammer ins Lehrlingsheim gesendet hatte, wurde laut Erzieher Cwack auf ein Konto gelegt und angespart. „Wenn du aus dem Heim austrittst, dann wird dir der Betrag oder das Sparbuch ausgehändigt!", versprach er. Robert erhielt letztendlich weder das Sparbuch noch bekam er den angesparten Betrag ausbezahlt. Für zwei Jahre sind das immerhin 4800 Schilling, die die Gemeinde Wien einfach eingestreift hat.

Hauch mich an

Samstag 5 Oktober 1968, ca. 13:00 Uhr im Lehrlingsheim Weidlingau. Springer-Erzieher Walter Roeth war militanter Nichtraucher und zählte trotz seiner 170 cm Körpergröße zu den besten Sportlern im Heim.

Vier Lehrlinge hatten sich gefunden, um im WC zu rauchen. Damit sie von niemandem gesehen werden konnten, schlossen sie sich in eine Kabine ein und qualmten, dass Robert zu husten anfangen musste. Alex, den Robert schon aus Hütteldorf kannte, bettelte Robert um den Kaiser an (ca. 2 cm zum Rauchen, vor dem Filter). „Tschief! Der Roeth kommt!", stellte ein aufmerksamer Zögling fest. Mit raschen Schritten näherte sich Roeth dem WC. „Alle rauskommen", befahl er in strengem Ton. Einzeln verließen die Burschen die Kabine. „Hauch mich an!", forderte Roeth den Ersten auf. Klatsch, die erste Watsche war ausgeteilt worden. Robert hatte Angst vor Roeth. „Hauch mich an!", sagte er zu Robert. Robert zog die Luft hörbar ein, um ein Hauchen vorzutäuschen. „Du sollst mich anhauchen!" Patsch, flog die Watsche in Roberts Gesicht. „Des machen Sie mir nicht mehr, Sie Arschgeige!" Roberts Wange war mit fünf Fingern geschmückt.

„Was mach ich nicht mehr? Arschgeige?" Patsch, die nächste Ohrfeige war in Roberts Gesicht gelandet. „Ja Sie Arsch! Sie wollen ein Erzieher sein? Sie nehmen warme Brüder in Schutz, schlagen die Jugendlichen, wenn sie rauchen!" Robert war zornig in den Tagraum geeilt, während er die Worte Roeth zuschrie.

Roeth rannte Robert nach. Er schlug mit seinen Fäusten auf Robert ein. Mitten ins Gesicht, auf die Nase. Robert blutete stark. Seine Nase schwoll innerhalb einer Minute so stark an, dass er fast keine Luft bekam.

„Ich fahre ins Hanusch-Krankenhaus!", schrie Robert Roeth an und eilte die Stufen Richtung Ausgang hinunter. Der Aktenvermerk wurde am Montag, dem 7. Oktober 1968 geschrieben.

Privatfoto: Aktenvermerk vom 7.10.68
Aktenvermerk v. 7. 10. 1968. Herr Heimleiter teilt mit, daß Mj ein anderes LH transferiert werden muss. Mj hat mit seinem Erzieher (Hr. Roth) eine Auseinandersetzung, in deren Verlauf er eine Ohrfeige erhielt. Mj brachte dies zur Anzeige. In der Lehre gibt es def. keine Schwierigkeiten. Mj wird in das LH Augarten transf. BJA 12/Fr. Eder verst.

Nasenbein gebrochen

„Leichte Fraktur des Nasenbeins", diagnostizierte der Arzt anhand des Röntgenbilds im Krankenhaus. Er klebte Robert ein starkes Pflaster über die Nase und stopfte Watte in die Nasenlöcher. „Wenn die Nase zum Bluten aufhört, nimmst du die Watte raus", sagte er, während er die Krankengeschichte schrieb. Das Hanusch Krankenhaus hatte eine Anzeige wegen Körperverletzung gemacht. Robert musste sich im Kommissariat Penzing, in der Leyserstraße, einfinden.

Kommissariat Penzing

„Erzähle uns von Anfang an, was passiert ist", begann der Kriminalbeamte Robert zu vernehmen. Er war vorgeladen worden, nachdem das Hanusch-Krankenhaus die Anzeige gegen Herrn Roeth erstattet hatte. „Es fing damit an, dass ich Herrn Roeth um Hilfe ersucht hatte, da mich Herr Pruml sexuell belästigt hatte." „Du sollst über die Schläge vom Herrn Erzieher Roeth erzählen, sonst nichts!" – „Und lüge uns nicht an!", forderte der zweite Beamte Robert auf.

„Wir vernehmen dich nur wegen des angeblichen Verdreschens durch den Erzieher Walter Roeth, hast du verstanden?", war die Arbeitsauffassung des ersten Kriminalbeamten. „Wir können auch andere Methoden anwenden, wenn du nicht spurst! Du kommst nach Kaiserebersdorf, wenn du uns pflanzen willst!", sprach der erste Beamte. Wohlwollend nickte der zweite mit dem Kopf.

Vier Seiten wurden auf der Schreibmaschine getippt. „Hier unterschreibe. Jede Seite musst du unterschreiben!" Der Beamte hielt das Protokoll Robert vor die Nase. „Auf Wiedersehen! Reiß dich zusammen, dass wir dich hier nicht mehr sehen, sonst lernst uns kennen!", waren die Abschiedsworte der Beamten.

Robert wurde, Dank Heimleiter Rohr, in das Lehrlingsheim Augarten transferiert, da Rohr angenommen hatte, dass Robert in Eggenburg „verkommen" werde. Rohr war ebenso vom LH Weidlingau nach Augarten versetzt worden, um seine berufliche Laufbahn zu verbessern. Er wurde Direktor des LH Augarten.

Die Anzeige wurde im Rundordner (Papierkorb) abgelegt. Über diese Angelegenheit wurde kein Prozess geführt, auch wurde Herr Roeth nicht ermahnt, solche Übergriffe zu unterlassen.

Lehrstellenwechsel

Lehrherr Franz Streithansl war mit Robert äußerst unzufrieden. Robert wollte nicht die Arbeit verrichten, die er ihm aufgetragen hatte. „Reinige die gesamte Werkstatt. Ich möchte nirgends einen Staub sehen!" – „Ich bin keine Bedienerin!", entgegnete er seinem Lehrherrn und verweigerte die Reinigungsarbeit. In der Gewerkschaftsschulung in Prein/Rax hatte er gelernt, dass Lehrlinge nicht nur als Reinigungskraft verwendet werden dürfen.

Franz Streit kündigte den Lehrvertrag auf. „Du hast die Arbeit verweigert! Der Lehrvertrag ist somit gekündigt!", sagte er zu Robert ohne Emotionen zu zeigen. „Wenn Sie meinen, ich will nicht streiten!", entgegnete Robert. Er hatte von sich aus schon kündigen wollen, da er nur an der Stemm-Meisel-Maschine arbeiten musste. Oder Ofen einheizen und andere berufsfremde Arbeiten. Beim Arbeitsgericht hätte er den Prozess sicher gewonnen. Er hatte auch keine Unterstützung seitens des Lehrlingsheimes.

„Arbeit verweigert?" Rohr sah Robert an. „Ich bin keine Reinigungskraft, die nur Drecksarbeiten im Betrieb machen soll!" – „Du hast das zu machen, was dein Meister und dein Geselle anschaffen!" – „Ich sehe es nicht so!" – „Deine Meinung ist hier nicht gefragt!", beendete Rohr die Diskussion. „Morgen wirst du mit Herrn Cwack eine Arbeit suchen." – „Ja, Herr Heimleiter." Robert war angewidert.

„Im Zuge einer Auseinandersetzung …", stand auf dem Begleitschreiben, das Erzieher Schreck mitgenommen hatte, als er Robert ins Lehrlingsheim Augarten „transferierte". „Da ist der Unruhestifter!", teilte er Herrn Techman, Direktor-Stellvertreter im Lehrlingsheim Am Augarten, mit. „Hallo Robert!", begrüßte Techman den neuen Lehrling. „Du wirst dich sicher hier eingewöhnen. Da bin ich mir sicher!" – „Was meinen Sie damit?" Robert hatte schon viele zweideutige Redensarten in den Heimen kennengelernt und war vorsichtig genug, diese Äußerung zu deuten. „Robert, ich rede nicht zweideutig. Das kannst du mir glauben!", war der Pädagoge überzeugt. „Ich weiß, was in deinem Kopf jetzt vorgeht." Robert sah Techman verwundert an. Techman hatte eine sehr ruhige Art der Kommunikation. Robert wunderte sich, dass der Erzieher so ruhig sprechen konnte, obwohl er wusste, dass Robert ein „Gfrastsackl" war. „Du kommst in die Gruppe 1, zum Herrn Wollak und Herrn Darmi. Die Gruppe ist im ersten Stock. Wenn du etwas wissen willst, kannst du beide Erzieher fragen." Schreck war in der Zwischenzeit „abgedampft".

„Morgen gehst du dich zu deinem neuen Meister vorstellen", befahl Techman.

Herr Darmi war mit Robert in die Werkstatt des neuen Meisters gefahren. 1150 Wien, Goldschlagstraße 7. Der neue Lehrherr hieß H. Wöber. Mit Wöber waren noch zwei Gesellen, Herr Ludwig und Herr Robert Schwiger und ein Gehilfe in der Tischlerei tätig. Robert konnte am nächsten Tag anfangen. Er musste vom Lehrlingsheim Augarten spätestens um 5:30 Uhr weggehen, damit er zeitgerecht um 7 Uhr am Arbeitsplatz war.

Robert Schwiger wohnte im 15. Bezirk und war für Roberts Fortkommen als Lehrling verantwortlich. „Robert, ich weiß, es ist im Heim Usus, dass ihr die Gesellen per Sie ansprechen müsst. Ich heiße auch Robert und du darfst mich duzen. Schlag ein!" „So stelle ich mir einen Gesellen vor!", dachte Robert. „Danke, Herr Schwiger – ähm Robert!" Schwiger wurde Roberts Idol. Er hatte zwei Kinder und war selten daheim. Er „pfuschte" sehr viel und gerne. Brauchte er doch auch das Geld, damit er seine Familie durchfüttern konnte. Seine Wohnung war sehr teuer im Erhalten, sagte er immer wieder. „Wenn du willst, dann kannst du mit mir auch pfuschen!" – „Wie soll das gehen? Ich muss um spätestens 18:30 Uhr im Heim sein. „Mache dir keine Sorgen!" Und weiter: „Da haben wir einen Meister, der dir sicher eine Bestätigung fürs Heim ausstellen wird! – Oder Hermann?" – „Wir werden sehen, wie sich Robert anstellt", wollte sich der Meister nicht festlegen.

Robert lernte bei Wöber viel. Er durfte schon am ersten Tag an der Kreissäge arbeiten. Diese hatte einen großen Schubtisch, damit ganze Spanplatten aufgelegt werden konnten. Er lernte Politieren. „Robert!", sagte Schwiger, „beim Politieren musst du schwitzen. Die Hand darf dir nicht wehtun, sondern die Achsel muss schwitzen, dann hast du die richtige Geschwindigkeit, dass die Politur nicht verbrennt." Er meinte, wenn man mit dem Ballen nicht schnell genug arbeitet, dann bleibt man auf der Politur picken und es sieht aus, als ob die Politur verbrannt ist. Robert lernte Polyestern, er lernte, wie man Oberflächen durch verschiedene Techniken matt oder in Seidenglanz erscheinen lassen kann. Robert lernte, wie man Möbelstücke restauriert, Furnier zusammensetzt und diese Intarsie mit Schleiftechniken und Oberflächenbehandlung „alt" erscheinen lassen kann. Vor allem aber durfte Robert mit Polyester arbeiten. Dieses neue Verfahren war in den 60er Jahren sehr beliebt. Palisander und Mahagoni wurden mit Polyesterharz eingestrichen, sodass das Harz satt erschien und sich gleichmäßig auf die Oberfläche ausbreiten konnte. Nach einer sechsstündigen Trockenzeit wurde das Polyesterharz feingeschliffen. Die Oberfläche erschien dann fast weiß. Anschließend, wenn die Oberfläche hundertprozentig glatt war, wurde „geschwabbelt": Auf der Schleifmaschine wurde mit einem Schaffellband die Oberfläche poliert. Hinzu kam Polierkreide. Die Oberfläche erschien jetzt hochglänzend. Die Maserung des Holzes kam kräftiger zum Vorschein …

Robert machte es viel Freude, in dieser Werkstatt zu arbeiten. Oft war er mit Schwiger pfuschen. Schwiger teilte das verdiente Geld gerecht mit Robert. „Sage aber nichts im Heim!" – Nein, sicher nicht. – „Der Meister wird dir das normale Überstundengeld geben und im Lohnzettel vermerken. Ich habe mit ihm ausgemacht, dass ich es ihm retournieren werde, damit die Firma nicht draufzahlen muss."

Robert war in die Gruppe 3 zu Herrn Techman und Herrn Knust gekommen. Die Gruppe 1 wurde mit neuen Lehrlingen im ersten Lehrjahr besetzt.

Skiurlaub

Die Aufregung stand für Robert im Vordergrund, als er seinem Meister ein Ansuchen des Lehrlingsheims Am Augarten übergeben musste, damit er dieses unterschreiben konnte. Inhalt des Urlaubsansuchens: „Urlaubs-Bewilligung, wegen bevorstehendem Schiurlaub in den Semesterferien in den Hohen Tauern, Steiermark."

„Mir wäre lieber, wenn du anständig lernen würdest, anstatt mit deinen Erziehern irgendwohin in den Skiurlaub zu fahren!", bemerkte Wöber mit ironischem Blick so nebenbei. Ja, der Wöber ist schon in Ordnung, dachte sich der inzwischen 17 Jahre alt gewordene Lehrling Robert.

Ihm lief wieder die körperliche Züchtigung durch seinen Erzieher Walter Roeth in Ha-Wei (Hadersdorf Weidlingau) wie ein Film im Hinterkopf ab. Einvernahme beim Polizeikommissariat Leyserstraße. Die erhobene Hand des Kommissars im Büro, bereit, Robert zu schlagen. Dann die sexuellen Missbräuche durch den Lehrlingsbeauftragten der ÖGB Otto Pruml. Brrr, Robert schüttelte es bei diesem Gedanken gewaltig am ganzen Körper ab. Er kam sich wie ein Hund vor, der sein nasses Fell trockenschüttelt. – „Was ist los mit dir?" Wöber warf einen fragenden Blick zu Robert. „Brütest du eine Krankheit aus?", wollte er wissen. „Nein, mich hat es nur abgebeutelt, weil mir ein wenig kalt über den Rücken gelaufen ist." Robert wollte unter keinen Umständen seinem Lehrherrn und seinem Gesellen über die Erlebnisse in Ha-Wei berichten. Er fürchtete, wegen dieser Erzählungen neuerlich mit Repressalien bedacht zu werden. „Robert?" – „Ja, Herr Meister?" – „Ich bewillige dir diesen Urlaub." – Ein kleines Lächeln war Robert ins Gesicht gekommen. – „Danke, Herr Meister." – Robert freute sich schon sehr auf diese Abwechslung, die den grauen Alltag im Lehrlingsheim erträglicher machen sollte.

„Schau aber, dass du dir keinen Haxen brichst", munterte der Lehrherr Robert auf. „Ich brauch dich noch."

Hohe Tauern

Die Hohen Tauern – ein gewaltiger Gebirgszug im Herzen der Steiermark – erstrecken sich über drei Bundesländer. Robert hatte noch nie so mächtige Berge gesehen. Schnee, ja es hatte sehr viel geschneit. Robert kam aus dem Staunen nicht heraus. Ein Zimmer wurde Robert mit einem anderen Lehrling zugewiesen. Robert hatte einen alten Plattenspieler und Singles mitgenommen, um die Ruhestunden im Zimmer verbringen zu können. Im Hotel Moscher hatten die Lehrlinge ihre Zimmer bezogen.

Es war hier sogar im Freien das Rauchen erlaubt. Das kannte Robert auch noch nicht, da im LH Augarten striktes Rauchverbot galt. Robert musste dort aufs WC gehen, um seiner Nikotinsucht nachzukommen. Hier durften die Lehrlinge sogar vor den Erziehern rauchen! Welche Ehre! Endlich werden wir Jugendliche wie Erwachsene behandelt! Robert war stolz.

Ski-Foahrn

Robert wollte der Schneepflug nicht so gelingen, wie er ausgeführt gehört. Patsch, Robert landete auf seinem Allerwertesten. Immer wieder versuchte er den Schneepflug. Beim Versuchen blieb es. Er konnte diesen Schneepflug nicht ausführen. Seine Skier verfingen sich ineinander und Robert saß wieder auf dem Hintern. Anton Techman – von den Lehrlingen auch Toni genannt – Roberts neuer Gruppenerzieher, hatte die Anfängergruppe übernommen, während Knust die Fortgeschrittenen betreute. Viel Geduld war nötig, um Robert nicht Kapitulieren zu lassen.

„Ja, hurra!" – Robert konnte schon den Pflug machen und auch schon „Abchristeln" (Schwung zum Stehenbleiben nach rasanter Skifahrt). Robert machte es sichtlich Spaß, Skifahren zu lernen. Zu Mittag wurde in der Hütte gegessen und heißer Tee getrunken.

„Alles herhören, Ruheee!" – Stille kehrte in den Gastraum ein. – Was war denn nun los? – „Leider haben die Raucher unter euch vor der Eingangstüre den Aschenbecher nicht gefunden und ihre Tschik auf dem Boden geschmissen." – Mahnende Worte wurden durch Erzieher Knust an die Raucher gerichtet. – „Damit ihr nachdenken könnt, wo die Tschik hingehören, gilt ab sofort für drei Tage striktes Rauchverbot." – „Was soll das?" – Robert war dieses Rauchverbot eine Bestrafung sonders gleichen. – „Warum müssen wir jetzt alle dieses Rauchverbot einhalten?" – Robert war zornig. „Darf ich in mein Zimmer raufgehen?" – „Ja, du darfst, da heute Schneesturm angesagt wurde, werden wir den Tag in der Hütte verbringen." – „Ihr habt euch nicht weit von der Hütte aufzuhalten." – Und weiter: „Wir wollen alle sehen, die vor der Hütte sind."

Robert schmollte und war wieder einmal auf die Erzieher angefressen. Toni hatte kein Wort gesagt, das ärgerte Robert umso mehr. Er ging in sein Zimmer und spielte alte Platten ab, um sich ein wenig zu beruhigen. „So ein Schwein." – Dachte er. – „Nur, weil Knust Nichtraucher ist"…

Er hörte sich Schlager von Freddy Quinn an. „Junge, komm bald wieder." – Die Stille wurde durch das Aufreißen der Türe unterbrochen. Ein Mitzögling kam ohne Anklopfen herein und verhieß Robert, dass er in den Speisesaal kommen musste. „Befehl von Techman!" – Robert hasste diese Befehle. Musste er immer diese Befehle ausführen? „Was will Toni von mir?" – Toni durften die Lehrlinge nur sagen, wenn Techman gut aufgelegt war. Soll ich ihn heute mit Toni ansprechen? Nein, das werde ich nicht, entschloss sich Robert. Er war noch immer etwas zornig. Mich können heute alle am Arsch lecken!

Happy-Birthday

„Happy Birthday to you" – Robert fühlte sich im falschen Film. Was soll das Ganze? Sind die alle blöd geworden? Er ging langsam zum Tisch der Erzieher. Eine Kerze brannte auf einem Teller und versuchte, das dunkle Gastzimmer ein wenig zu beleuchten. „Happy Birthday dir Robert, happy Birthday to youuuu." Toni deutete auf den Sessel neben ihm, forderte Robert auf, sich hinzusetzen. Robert war echt überrascht worden. Er hatte total auf SEINEN Geburtstag vergessen! Auf dem Tisch waren eine Mehlspeise und warmer Kakao serviert worden. „Lieber Robert", verlautbarte Toni, „alles Gute zu deinem 18. Geburtstag!" Robert schmollte noch ein wenig, war aber sichtlich überrascht, dass Toni an seinen Geburtstag gedacht hatte. Er hatte seinen Kakao getrunken und die Torte verschlungen. Eine ganze Torte wurde an die Lehrlinge aufgeteilt. Wow, damit hatte er nicht gerechnet. „Robert." – „Ja?" – „Was ist los mit dir?", wollte Toni wissen. „Nichts, nur das verdammte Rauchverbot." Robert sah Toni fragend an. „Na gut. Ich will mal das Rauchverbot aufheben, wenn ihr mir versprechen könnt, dass die Tschik nicht mehr neben den Behälter geworfen werden!" Ja, mit diesem Versprechen konnte Robert leben. „Ja, Herr Toni, ich werde selber trachten, dass alle Raucher die Tschik in den vorgesehenen Behälter werfen. Darf ich rauchen gehen?", überprüfte Robert die Aufhebung des Rauchverbots.

„Ausnahmsweise dürft ihr im Gastraum rauchen!", zeigte sich Toni großzügig und Robert war mit dem positiven Ausgang zufrieden…

Volek darf das Heim verlassen

„Herr Toni, darf ich bitte das Heim verlassen, ich will mir heute eine Eierspeise machen und muss dazu Eier kaufen." – „Ja, aber komme dann gleich ins Heim." Robert ging zum Portier Fritz Tomann. Tomann, ein langer Lulatsch, immer mit einem schwarzen Arbeitsmantel bekleidet, sah Robert über seine Brille an. „Da brauche ich vom Erzieher eine Bewilligung, sonst darf ich dich nicht raus lassen." – „Herr Techman hat es mir erlaubt. Ich darf Eier kaufen." – „Nein, ich sperre dir nicht die Türe auf. Geh rauf zum Erzieher und bringe mir eine Bestätigung."

Robert war angefressen. Er musste wieder in den ersten Stock hinauf. Er ging ins WC, riss vom WC-Papier ein Blatt ab, ging zu Toni und legte ihm das Papier auf den Tisch. „Herr Toni, Tomann will mich nicht rauslassen." – „Was soll ich dabei tun?", schmunzelte Toni. „Ähm." Robert grinste. „Würden Sie bitte auf dem Zettel da eine Bestätigung schreiben?" Robert zeigte auf das WC-Papier. „DU schreibst: Volek darf das Heim verlassen und ich unterschreibe es. Ok?" – Techman wusste, was Robert damit bezwecken wollte.

„Volek darf das Heim verlassen. Unterschrift Anton Techman." – Tomann las die Zeilen und steckte das WC Papier in die Manteltasche. „Ich weiß, was das bedeuten soll, das wird ein Nachspiel haben!", versprach er Robert und sperrte die Ausgangstüre auf. „So was ist mir noch nicht untergekommen!", rief er Robert nach. Robert blieb auf den Stufen stehen. „Wenn Sie so blöd sind und nicht kapieren wollen, dass Techman mir erlaubt hat, das Heim zu verlassen, dann dürfen Sie sich nicht wundern, dass ich zu solchen Maßnahmen greife." – „Ich weiß, was das heißen soll." – „Ja?" – „Ich soll scheißen gehen!" – „Würden Sie das auch bitte tun?" …

Robert fühlte sich nicht mehr wohl im Heim. Er wollte schon ins Gesellenheim übersiedeln. Frau Putruk, die Heimmutter, von den Lehrlingen Fiffi genannt, hatte bereits ein Ansuchen geschrieben, damit Robert ins Gesellenheim Zohmanngasse im 10. Bezirk „transferiert" werden konnte. Robert freute sich auf das Gesellenheim. Er hatte gehört, dass er dort ein eigenes kleines Zimmer beziehen dürfe.

Teil 3

Gesellenheim

„Ich darf Sie im Gesellenheim herzlich willkommen heißen!", sagte Josef Gristen, Heimleiter des Gesellenheimes. Er sah Robert mit seiner dickumrandeten Brille an. „Unterschreiben Sie bitte die Hausordnung." Er legte Robert einen Vordruck hin. Robert überflog das Papier. Da stand, dass man nach 22 Uhr eine Nachtruhe einzuhalten habe und im Heim nach dieser Zeit nicht lärmen solle.

Das Abendessen sei von 19 Uhr bis 20 Uhr einzunehmen. Dieses sei extra zu bezahlen. Man müsse für das Bereitstellen des Zimmers ein Entgelt bezahlen und darauf achten, einen Notgroschen zu sparen. Jeden Freitag sei die Kasse geöffnet, die Frau Ute Bak führe. „Im Speisesaal darf man auch nicht rauchen", verlautete Hr. Gristen.

Robert wurde im 4. Stock das vorletzte Zimmer zugewiesen. Es hatte alles, was sein Herz begehrte: eine Waschmuschel mit Spiegel, einen zweitürigen Kasten, eine kleine Anrichte mit Stromanschluss, einen Tisch mit zwei Sesseln und ein Bett. So nobel durfte Robert wohnen.

Er hatte sein erstes Transistoren-Kofferradio gekauft. 540,00 Schilling hatte er dafür bezahlt. Er steckte den Stecker in die Steckdose und hörte sich „Die große Chance" mit Maxi Böhm an.

Einmal in der Woche leitete Gristen mit Herrn Barf von der MA 11 einen Fotokurs. Hier durfte Robert Fotos und Filme in der Dunkelkammer selber entwickeln. Verschiedene Techniken beim Entwickeln ausprobieren und auch für Fotoausstellungen arbeiten. Robert machte es Spaß, in der Fotokunst kreativ zu sein. Mit Wischtechniken verfeinerte er sein Können in der Fotografie.

Privatbild Robert Volek

Ute Bak war im Gesellenheim die Schreibkraft für Gristen schlechthin. Sie hatte die Akten zu führen, Kassa zu machen,

Beschreibungsbogen nach vorheriger Absprache mit Gristen auszufüllen, Berichte an die MA 11 zu schreiben.

Sie war für einen jungen Lehrling – den einzigen Lehrling im Jahr 1970 im Gesellenheim – zuständig. Sie durfte ihn aufwecken, sie durfte ihn hofmeistern und „bemuttern". Das Bemuttern nahm sie sehr wörtlich. Sie schenkte ihm ihre ganze Aufmerksamkeit, streichelte ihn beim Aufwecken um 6 Uhr früh. Machte sein Frühstück. Warlund, so hieß der Lehrling, genoss es sichtlich, von Bak verwöhnt zu werden. Robert sprach Bak einmal an: „Frau Bak, warum verhätscheln sie Warlund so?" – „Des vastehst du net!", antwortete Bak. „Bist eams zu neidig?" – Nein, danke!" Robert war nicht neidig. Bak ist auch keine Frau, mit der man Sex haben könnte, dachte er. Sie ist viel zu schmuddelig und unsauber und nicht adrett angezogen.

Die vorstehenden Mehlspeis-Zähne sehen immer ungepflegt aus. Robert kannte alle Eigenschaften an Bak, um sie als nicht attraktiv einzustufen. Bak war herrschsüchtig. Das hatte er schon in einem Gespräch herausgefunden, welches er mit ihr geführt hatte. „I woar in Biedermannsdorf bei den Buama!", hatte sie verraten. „Da san de Kinder verdroschen worden, die net gspurt habn, dass eana schlecht worden is. Oiso nimm di in Acht vur mir!" – Was will die Schnepfen eigentlich von mir? Robert war zornig. Will sie sich wichtigmachen? – „Glauben Sie vielleicht, dass ich Angst vor Ihnen hab? – Im Übrigen, wer hat Ihnen das Du-Wort angeboten? Bleiben Sie bitte höflich und sachlich, Frau Bak." Bak fing zu schlucken an. Ihr fehlten die Worte. „Kümmern Sie sich um Ihren Warlund, er will verwöhnt werden." Robert war aus der Kanzlei gegangen. Am nächsten Tag hatte er sich beim Gristen beschwert. Gristen hatte mit Bak gesprochen und sie ersucht, den jungen Heimbewohnern mit mehr Respekt zu begegnen. Seitdem hatte Bak die Neuen gefragt, ob sie per Du angesprochen werden dürfen.

Gristen wurde in die MA 11 versetzt, da Barf in den Ruhestand gegangen war. Ein anderer Erzieher wurde als Heimleiter eingesetzt. K. griff in die Kasse und wurde gefeuert. Seitdem durfte Bak das Gesellenheim leiten und ihre unmissverständliche Ausdrucksweise durfte gedeihen.

SPÖ und ÖGB

Das Gesellenheim wurde von einem Lehrbeauftragten der SPÖ betreut. Dieser hatte die Aufgabe, die Gesellen hinsichtlich Betriebsrat, ÖGB, SPÖ zu lehren. Robert hatte sich dieser Gruppe angeschlossen, da ihn der Aufbau des ÖGB, der SPÖ sowie die Aufgaben des Betriebsrates interessierten.

Auch hier gab es einen der SPÖ nahestehenden Bundesbahner und ÖGB-Mitarbeiters namens Otto Strungal, der das Bedürfnis hatte, junge Burschen sexuell zu vernaschen. Strungal hatte einen Skoda und fuhr mit ein paar Jungs in den Urlaub. Dobra - sperre war das Ziel, wo sie mit Zelten lagerten. Der Stausee wurde vom Kamp gespeist. Ottenstein war ein kleines verträumtes Dorf. Ca. 30 Meter vom Wasser entfernt stellte Robert sein Zelt auf.

Robert hantierte mit seinem Gaslicht, als das Zelt von Strungal geöffnet wurde. Robert dachte sich nichts dabei. Strungal hatte ihm geholfen. Plötzlich näherte sich Strungal Robert und wollte ihn küssen. Robert drehte sich weg. Strungal fasste in seinen Schritt und hielt ihn so fest. Robert riss sich los. Er verließ das Zelt und wollte sofort ins Gesellenheim zurückfahren. Strungal entschuldigte sich bei Robert. Er wurde von einem anderen Mitarbeiter der SPÖ ins Gesellenheim zurückgefahren … Er schämte sich über diese Angelegenheit mit irgendjemand zu sprechen. Er hat es „genossen", dass Beamte der Kripo ihn keinen Glauben schenkten, daher schwieg er wieder aus Scham und ärgert sich über das System.

Einberufung

Robert arbeitete bei Hutter und Schranz. Als Haustischler durfte er Kästen für die Stahl-, Messing- und Kupfersiebe herstellen, die ein Ingenieur plante. Hutter und Schranz hatten die Fabrik in der Laxenburgerstraße im 10. Bezirk. Robert war über zwei Jahre dort beschäftigt.

Er musste jetzt überlegen, wie er zu einer Wohnung kommen könnte, da ihm das Gesellenheim die Unterkunft für maximal zwei Jahre zur Verfügung stellte. Das Bundesheer hatte auf Robert vergessen und ihn erst mit 20 Jahren einberufen, obwohl er bereits mit 19 Jahren bei der Musterung war. Er durfte in Bruckneudorf, an der Grenze zum Burgenland, einrücken. Seine Habseligkeiten waren schnell aus seinem Zimmer ausgeräumt. Er durfte diese zu einer Bekannten, die im dritten Bezirk wohnte, bringen, bis er eine neue Wohnung hatte.

Bundesheer

Außerhalb von Bruckneudorf lag die Benedek-Kaserne. Robert war zum Lager-Schießplatz-Kommando eingeteilt worden. Die Kaserne bestand aus Pionieren, Stab und Lagerkommando. Sie hatte die mordernste Schießstätte vorzuweisen. Durch elektronische Verarbeitung konnte auf einem Monitor die Einschussstelle angezeigt werden. Aber das System war die meiste Zeit defekt. Daher hatte man auf eine ältere Methode zurückgegriffen: Soldaten saßen in einer Grube vor der Zielscheibe und warteten den Schuss ab. Dann kennzeichneten sie mit einer roten, runden Zielanzeige die Einschusslöcher auf der Zielscheibe.

Der Spieß des Lagerkommandos hieß Fritz Eugen – ein Spieß ist mit einem „Abteilungsleiter" und Diensteinteiler einer Firma gleichzusetzen. Er war im Range eines Vizeleutnants. Sein Stellvertreter war Offizier-Stellvertreter, Herr Schelle, ein Ur-Burgenländer, der den burgenländischen Wein besonders liebte und ihn genoss. Am Nachmittag hatte sich der Trupp vor der sogenannten Ami-Baracke in einer Reihe aufzustellen.

Derr Ausbildner Zugsführer Gosch brüllte: „Zug. Haaaabt Acht! – Zug! Rechts schaut!" Alle sahen mit einem Rechtsruck des Kopfes zu Schelle hin. „Danke, ruhen lassen!", befahl Schelle. – „Zug ruht!" „Zack" wurde der rechte Fuß lautstark auf den Boden gestampft.

„Soldaten!", begann Schelle seine Ansprache und sah jeden Einzelnen an. „Ich gebe Ihnen den Befehl, dass Sie morgen zur Befehlsausgabe um 8:00 Uhr mit geschnittenen Haaren zu erscheinen haben!" Er wanderte auf und ab. „Haben Sie verstanden?" – „Jawohl, Herr Offizier-Stellvertreter!" – „Ich höre nichts!" – „JAWOHL, HERR OFFIZIER STELLVERTRETER!" – „Schon besser! Zugsführer, lehren Sie die Soldaten das laute Sprechen!" – „Jawohl, Herr Offizier-Stellvertreter!", brüllte Gosch. – „Zug abtreten lassen!" – „Zug. Habt Acht! – Zug in die Unterkunft abtreten!" Lauter Ausfallschritt ertönte auf dem Asphalt. Ab jetzt durften die Soldaten, die einen Ausgangsschein erhalten hatten, die Kaserne verlassen. Robert musste in der Amibaracke Wache schieben.

Winter

Die Ami-Baracke war ein grün lackiertes Holzhaus. Ein Schlafraum mit 10 Stockbetten und 20 Spind mit einem Ofen, ein Waschraum mit einer Waschrinne für 15 Leute und ein Lehrsaal waren im Haus untergebracht. Die Fenster und Türen waren verzogen, da dieses Haus nicht unterkellert war, sondern auf einer Schotter-Beschüttung aufgestellt worden war und daher schief stand. Die Ami-Baracke war dem Bundesheer von den Amerikanern überlassen worden. Die Türe führte vom Schlafzimmer ins Freie und hatte einen gut 2,5 cm breiten Spalt am Boden neben der Tür. Außerdem war keine Türstaffel im Türrahmen montiert worden. Somit war kein Schutz vor schlechtem Wetter für das Schlafzimmer gewährleistet.

Wenn es schneite, wurde der Schnee bis in die Mitte des Schlafzimmers geweht. Im Schlafzimmer hatte es an die 0°. Der Dienststellenleiter befahl einzuheizen. Ein Soldat musste „Feuerwache" halten, um im Brandfalle eingreifen zu können. Er musste die ganze Nacht wach sein, durfte aber im Lehrsaal lesen und Musik hören und musste zeitweise die Öfen in der Amibaracke kontrollieren.

Wache schieben

Der Offizier vom Tage (OVT) war in der Wache eingeteilt und hatte über alle Wachen Befehlsgewalt. Korporal vom Tage (KVT) war ein einfacher Soldat, der vom Spieß eingeteilt wurde, Telefondienst hatte und nicht schlafen durfte.

Stündlich wurde der Korporal vom Tage vom OVT überprüft. Mit „Haken" musste er salutierend Meldung erstatten und Ereignisse in der Unterkunft melden.

Robert saß angewidert beim Tisch, löste Kreuzworträtsel auf und trug in einem Heft jeden Soldaten ein, der vom Ausgang in die Kaserne zurückkam. Er musste neben dem Namen die Uhrzeit des Eintreffens der Rekruten festhalten. Robert nahm es nicht so genau damit, seine Kameraden schonungslos nach Uhrzeit aufzuschreiben. Er schummelte, wenn der OVT noch keine

Kontrolle abgehalten hatte. Robert war eingenickt. Es war ca. 23:30 Uhr. Die Kameraden waren alle eingerückt. Jemand hatte die Türe unsanft zugeschlagen. Robert riss die Augen auf. Vor ihm stand OStv Schelle und wankte leicht.

„Herr Offizier Stellvertreter! Schütze Robert Volek meldet, 20 Soldaten vom Ausgang in die Kaserne eingerückt!" Robert hatte genug von diesem Theater, er musste sich im Heim auch immer militärisch benehmen. – „Keine besonderen Vorkommnisse!" – „Danke ruh'n!", war die Antwort des OVTs. Schelle hatte glasige Augen. Sein Atem dampfte bestimmt 1,8 Promille Alkohol aus. Er sah in die Liste der eingerückten Soldaten und kraxelte seine Unterschrift darunter. Ein paar kurze Worte wurden gewechselt. Schelle erteilte Robert den Befehl, sofort das WC ohne Gummihandschuhe zu reinigen. Als Strafe für das Schlafen im Dienst, wie Schelle meinte. „Herr Offizier Stellvertreter, ich verweigere den Befehl, weil Sie betrunken sind." – „Sie werden morgen zum befohlenen Rapport beim Dienststellenleiter erscheinen!", sagte Schelle kurz. „Jawohl, Herr Offizier-Stellvertreter."

6 Uhr. „Tagwacheee!", rief Gosch in den Schlafsaal. Alle Soldaten waren in Eile. Mit eiskaltem Wasser mussten sie sich waschen. Die Amibaracke musste erst durch Einheizen des Ofens mit Warmwasser versorgt werden. Frühstück wurde von zwei Soldaten aus der Küche geholt. „Um acht Uhr ist Befehlsausgabe!", vermeldete Gosch „Seid alle pünktlich!" – Gosch spricht während des Unterrichts und in der Freizeit die Soldaten mit Du an.

„Zug auf dem Appellplatz aufstellen!" – Lautes Schuhgetrampel unterbrach die Stille auf dem kleinen Appellplatz vor der Amibaracke. „Zug! Haaabt Acht!" Gemächlich marschierte Schelle zu den Soldaten hin. „Zug! Rechts schaut!" – „Herr Offizier-

Stellvertreter, 20 Soldaten zur Befehlsausgabe angetreten." – „Danke! Zug ruhen lassen" – „Zug ruht!" Wumm traten die Soldaten den rechten Fuß zu Boden. „Soldaten, ich habe Ihnen gestern befohlen, die Haare so zu kürzen, wie dies in der Vorschrift steht. Wie ich sehe, hat ein Soldat seine Haare nicht schneiden lassen. Wie ist Ihr Name?" - „Alfred Frund!" – „Wenn ich mit Ihnen sprechen, haben Sie Haltung anzunehmen! Verstanden?" – „Jawohl, Herr Offizier-Stellvertreter!" – „Wie heißen Sie? – Zack – machte Frund seinen Haken. „Alfred Frund, Herr Offizier-Stellvertreter." – Sie melden sich am Abend nach der Schulung beim Ausbildner! Verstanden?" – „Jawohl, Herr Offizier-Stellvertreter!"

Um 19 Uhr kam Schelle ins Schlafzimmer. „Habt Acht!", rief der Zimmerkommandant, ein Rekrut. Schelle schwang ein Büschel Haare in seiner Hand und sagte: „Unser Freund ‚Frund' hat sich soeben seine Haare ‚freiwillig' schneiden lassen", triumphierte er grinsend. „Ich hoffe, dass meine Befehle jetzt befolgt werden!", meinte er noch und verschwand aus dem Schlafsaal. Soldat Frund, ein Hippie, war heulend im Schlafsaal erschienen.

Er erzählte den Soldaten, dass drei ihn festgehalten hatten und ein vierter Soldat musste ihm die Haare mit der Maschine schneiden … Robert war geschockt. Ging dieses System des Unterdrückens und des Willen-Brechens hier in der Kaserne weiter?

Ja! In der Kaserne waren die Soldaten keine Menschen, wie Robert später feststellen musste. Frund schnitt sich mit dem stumpfen Messer aus dem Heeresbesteck die Pulsadern auf und musste ins Heeresspital gebracht werden. Robert hörte nie wieder etwas von ihm …

Befohlener Rapport

„Schütze Volek meldet sich zum befohlenen Rapport!" Robert war von Schelle zum Vizeleutnant Fritz Eugen zitiert worden. „Danke! Ruhen Sie." Fritz war bemüht, die Ursache menschlich zu ergründen, warum Schelle Robert zum Rapport befohlen hatte. „Erzählen Sie mir, was vorgefallen ist." – „Ähm. Hmmm!" Robert wusste nicht, wie er Fritz erzählen sollte, dass er im Dienst, beim KVT, eingenickt war. Schelle hatte ihn dabei ja erwischt und befohlen, dass er unverzüglich das WC reinigen sollte, ohne Gummihandschuhe verwenden zu dürfen. Robert hatte den Befehl verweigert. „Erzählen Sie!", forderte Fritz Robert nochmals auf. „Herr Vizeleutnant, ich bin beim Wacheschieben eingeschlafen. Der OVT, Herr Schelle, hat mich erwischt und mir befohlen, dass ich das WC ohne Gummihandschuhe reinigen muss." – „Weiter!" drängte Fritz. – „Ich habe den Befehl verweigert ..."! – „Weiter!", Fritz hob die Hand, als wolle er den Verkehr auf der Straße regeln. „Ich habe den Befehl verweigert, weil OStv. Schelle betrunken war!" – „Das kann nicht sein!", stellte Fritz fest. „Herr Vizeleutnant, ich ersuche Sie, die Militärstreife zu verständigen, die feststellen wird, ob mein Vorgesetzter betrunken war. Anhand des Teströhrchens lässt sich der Alkoholspiegel auch Stunden nach dem letzten Alkoholkonsum feststellen und die Promille ausrechnen, wie Sie bestimmt wissen." Er fügte ergänzend hinzu: „OStv Schelle hat heute Früh noch immer nach Alkohol gerochen." – „Wollen wir die Kirche im Dorf lassen!", entgegnete Fritz. „Ich will Ihnen die Strafe vom Offizier-Stellvertreter Schelle – Sam-Son-Dienst – erlassen. Aber um das Gesicht Schelle zu wahren, ersuche ich Sie, stattdessen Samstag Dienst zu machen. Damit sind Sie am Sonntag daheim. Geht das für Sie klar? Ich ersuche Sie des Friedens willen, nehmen Sie diesen Dienst am Samstag an!" Da Robert befürchtet hatte, für sein Schlafen im Dienst noch mehr bestraft zu werden, stimmte er dem Deal zu. „Abtreten!" – „Herr Vizeleutnant. Schütze Volek meldet sich vom befohlenen Rapport ab!" ...

Mil-HuSta (Militär-Hunde-Staffel)

„Schütze Volek, Sie haben sich am Montag in Kaisersteinbruch einzufinden. Melden sie sich in der Mil-Husta", verlas Eugen den Dienst für die Soldaten. Die Mil-Husta war kein sehr beliebter Dienstort. Die Soldaten mussten hier sechs Tage ununterbrochen Dienst versehen und hatten anschließend nur einen Tag frei.

Robert fuhr in die Kaserne Kaisersteinbruch. Lautes Gekläffe war schon von Weitem zu hören. In Zwingern waren Rotweiler, Deutsche Schäferhunde und anderes Getier eingesperrt. Die Rotweiler kläfften am lautesten. Vom Stand sprang so ein Vieh über zwei Meter in die Höhe. Robert hatte echt Angst, mit diesen Ungeheuern in Kontakt zu kommen. Die ganze Mil-Husta stank nach verwesendem Fleisch, gekochten Sau-Ohren. Roberts Magen rührte sich. Er schluckte kräftig und atmete sehr schnell die stinkende Luft in sich hinein.

„Schütze Volek meldet sich zum Dienst", salutierte Robert mit einem Fuß Haken, etwas wankend, vor seinem neuen Vorgesetzten in Kaisersteinbruch. „Danke. Ich werde Ihnen den Dienst erklären. Sie haben die Räume der Hunde zu reinigen. Die Scheiße geben sie in einem Kübel und leeren diesen im Freien, auf dem vorgesehenen Platz, aus. Anschließend waschen und bürsten sie den verfliesten Boden rein. In die Ecke streuen sie Heu zum Schlafen für die Hunde. Danke abtreten!", entgegnete der diensthabende Unteroffizier. Robert ging ins Freie. Die Angst übermannte ihn. Der Gestank nach gekochten Sau-Ohrwascheln und Innereien von Tieren wirkte sich auf den Magen aus. Robert kotzte auf den Wegesrand. Der Magen war ihm übergegangen. Kotzend und mit Übelkeit kam er in seiner Unterkunft an. Er meldete seinem Vorgesetzten, dass er aus gesundheitlichen Gründen seinen Dienst hier nicht verrichten könne. „Sie Arsch! Dann melden Sie sich in Ihrer Einheit in Bruckneudorf. Ab mit Ihnen!", sprach der Hundeführer. „So etwas ist mir noch nie untergekommen. A so a Arsch!", vernahm Robert beim Rausgehen …

„Schütze Volek meldet sich aus Kaisersteinbruch zurück", meldete Robert gehorsam seinem Spieß. „Sie haben heute noch Ausgang, melden sie sich um 23 Uhr beim OVT. Morgen werden Sie im Tschumbus (Heeres Arrest im Wache-Gebäude) wohnen dürfen. Der Lagerleiter verdonnerte Sie zu drei Tage Arrest, wegen Arbeitsverweigerung", entgegnete Fritz. „Jawohl! Herr Vizeleutnant." – „Abtreten" – Robert machte seinen Haken und wendete sich zur Türe.

Vom Ausgang kam er nicht mehr in die Kaserne zurück. Er vernahm, dass die Militärstreife vor dem Haus stehen blieb. Eilig versteckte er sich im Kabinett im Kasten. Sie zerrten Robert aus seinem Versteck und verdroschen ihn … Mit Blaulicht wurde er in die Wilhelmskaserne gebracht, um anschließend in die Kaserne nach Bruckneudorf gebracht zu werden. Dafür durfte er wieder im Kasernenhäfen wohnen.

Eine Kommission stellte später fest, dass Dienstversehen in Kaisersteinbruch gesundheitsschädlich sei. Der Dienst wurde so geregelt, dass 24 Stunden Dienst versehen werden mussten und anschließend der Soldat 48 Stunden frei haben musste. Danke Kommission, für Robert war es zu spät. „Kotz"

6,5 Monate Heer waren genug. Robert konnte es kaum erwarten, abzurüsten. Er konnte nicht mehr sehen, wie Menschen behandelt werden, als wären sie der letzte Dreck auf Erden.

Robert war stolz, keinen Keks (Abzeichen in Form eines Sternes für den Rang eines Gefreiten) erhalten zu haben. Er konnte sich mit diesem Heer nicht identifizieren.

Mutsch

Nach dem Abrüsten wollte Robert von seiner Bekannten seine Habseligkeiten holen. „Wenn du willst, kannst du bei mir wohnen. Ich habe ein Kabinett." Robert überlegte nicht lange und nahm das Angebot an. Fürs Kabinett bezahlte Robert 350,00 Schilling, für die Kost legte er ein paar Hunderter im Monat dazu.

Robert hatte seine Ersparnisse vom Gesellenheim Mutsch geliehen, damit sie ihre Wohnung renovieren konnte. Sie ließ sich ein Bad einleiten und die Heizung installieren. Robert vereinbarte mit Mutsch, dass er fürs Wohnen keinen Beitrag mehr leisten muss. Damit war die Angelegenheit mit dem Ausborgen und Zurückzahlen für beide erledigt.

Nach drei Jahren bekam Robert eine kleine Gemeindewohnung zugewiesen. Endlich hatte er sein eigenes kleines Reich im 12. Bezirk am Wienerberg gefunden.

Weibi

Robert war bei einer Bekannten, die er bereits seit mehr als 20 Jahre kannte. Maria Baue hatte eine kleine Wohnung im 20. Bezirk in der Pöchlarnstraße. Robert hatte Marias Wohnung hergerichtet. Sie lebte in Scheidung mit Anton, der aus der gemeinsamen Wohnung ausgezogen war. Robert durfte bei Maria wohnen. Er hatte seine Wohnung im 12. Bezirk aufgegeben.
„Grüß Gott!", begrüßte Robert eine junge Mutter mit zwei Kleinkindern. „Mein Name ist Elfriede. Das sind meine Kinder,

Gerald und Gabi" – „Angenehm, mein Name ist Robert Volek." Robert war etwas aufgeregt, als er Elfi die Hand gab.

Elfi gefiel ihm besonders gut. Er sah nur kurz in ihre blauen Augen, um gleich wegzusehen, als sie seinen Blick erwiderte. Roberts Herz schlug schneller. Er hatte seinen Kaffee sehr schnell ausgetrunken und immer wieder zu Elfi geschaut. „Wir können mal in den Lainzer Tiergarten gehen!", schlug Maria vor und unterbrach damit das Augen-Date von Elfi und Robert. Elfi war sofort dafür. Robert stimmte auch zu. Er wollte Elfi noch einmal sehen, ihre rauchige, sexy Stimme hören und ihr mildes unaufdringliches Lachen sehen und hören.

Lainzer Tiergarten

Maria war übermütig. Trotz Regen lachte sie, war im Regen tanzend marschiert. Robert und Elfi mussten herzhaft lachen, als Maria den Regenschirm zwischen den Beinen steckte und andeutete, wie eine Hexe auf einem Besen zu fliegen. Im Hirschgstemm aßen sie zu Mittag. Robert zeigte Gerald und Gabi im Lainzer Tiergarten Bucheckern, wie man sie öffnen und essen kann. Elfis Kinder waren so begeistert, dass sie die Bucheckern mitnahmen. Gerald tauschte am nächsten Schultag die Bucheckern mit anderen Schülern gegen Obst ein. Er schacherte Bananen und anderes Obst für 10 oder 15 Bucheckern! „Der Bua wird sicher ein Geschäftsmann!", prophezeite Robert. Elfi musste lachen und war etwas stolz auf ihren Sohn.

Kahlenberg

Elfi und Robert fuhren mit den Kindern auf den Kahlenberg. Nach einer kurzen Rast gingen sie in den Wald. Robert musste herzhaft lachen. Elfi war mit Schuhen, die hohe, dünne Absätze hatten, auf den Kahlenberg gefahren und hatte nicht bedacht, dass man zum Wandern festes Schuhwerk benötigt. Beide spazierten Hand in Hand. Robert wärmte ihre kleinen, kalten Hände. Elfi versank mehrmals im Waldboden. Robert schmunzelte. Ihm gefiel an Elfi, dass sie vor lauter Freude, dass sie mit den Kindern auf dem Kahlenberg wandern gingen, vergessen hatte, geschlossenes, festes Schuhwerk anzuziehen.

Robert zog zu Elfi. Ihre Kinder waren der Meinung, dass Robert zu ihnen ziehen sollte. In der kleinen, 43 Quadratmeter großen Wohnung waren nun vier Personen und zwei Katzen untergebracht. Robert hatte eine Stelle bei den Wiener Stadtwerke-Verkehrsbetrieben angenommen und musste eine Tramway-Schulung absolvieren. Vier Monate intensives Lernen mit abschließender Prüfung befähigten ihn, als Fahrer der Linien 10, 46 und J die Straßenbahn zu führen. Auch auf anderen Linien in ganz Wien ist Robert gefahren.

„Ich brauche etwas Luft!", sagte Elfi zu Robert. „Macht es dir etwas aus, wenn du bei den Kindern bleibst? Ich muss Luft schnappen." – „Nein. Geh' ruhig spazieren!" - Robert fragte sich, was mit Elfi los war. Er verstand auch, dass Elfi Zeit für sich braucht. Nach ca. 90 Minuten war Elfi heimgekommen.

„Danke, dass du auf die Kinder aufgepasst hast!" Elfi weinte. – „Ich habe die Kinder ins Bett geschickt. Sie waren sehr brav!" Robert wollte sich nicht anmerken lassen, dass er Elfis Gemütszustand sehr beängstigend fand. – „Spatz, ich kann von dir nicht verlangen, dass du für die Kinder aufkommen musst! Das Jugendamt hat geschrieben, dass der Kindesvater keine Alimente mehr bezahlt. Ich falle durch den Rost!" – „Ich habe dich mit den Kindern kennengelernt und will auch für sie und dich sorgen. Wir beide schaffen es sicher!" Robert streichelte ihre Hände. „Meinst du?" – „Sicher Spatz, wir packen das …"

Robert dachte: Das System hat wieder zugeschlagen! Aber ich muss meinem Weibi zur Seite stehen. Komme, was kommen mag. Ich bleibe dir treu, meine liebe Elfi, schwor sich Robert. Das Jugendamt hatte es sich leichtgemacht. Der Kindesvater war Alkoholiker und wollte die Alimente nicht bezahlen. „Er ist krank!", verlautete das Jugendamt. „Sie fallen leider durch den Rost!" Elfi war verzweifelt und wusste weder ein und noch aus.

Am 3. Juli 1984 gaben Robert und Elfi einander das Ja-Wort. Im Standesamt Ottakring fand die Trauung statt und in einem Restaurant, Endstelle Linie 60, war der Hochzeitsschmaus vorbereitet worden. 35 geladene Gäste feierten mit. Mehr wollte das junge Paar nicht einladen.

Wer weiß, ob das Kind lebend auf die Welt kommt

„Spatz! Jetzt hat es eingeschlagen!" Roberts Hand lag auf dem nackten Bauch seiner Elfi. – „Was meinst du?" – „Spatz, wir bekommen ein Kind." – „Das glaube ich nicht." Elfi war überzeugt, nicht schwanger zu sein. „Wir kaufen einen Test. Wirst sehen, du bist schwanger!", war Robert überzeugt. Der Test zeigte eine Schwangerschaft an. Am Vormerkschein stand, dass man die Schwangerschaft melden musste, wenn mehr als drei Monate – nach Berechnung des Arztes – vergangen waren.

„Wer weiß, ob des Kind lebend auf die Welt kommt!", meinte der Beamte der Wohnhausverwaltung Wiener Wohnen. Elfi erzählte Robert unter Tränen, dass der Beamte ihrem ungeborenen Kind das Leben absprach. Robert war zornig. „Ich fahre morgen zu dem Arsch und werde ihm die Leviten lesen! Was bildet er sich ein?" Elfi beruhigte Robert. „Ist doch wahr Spatz. In den Bestimmungen des Vormerkscheines steht, dass eine Schwangerschaft gemeldet werden muss, wenn sie mehr als drei Monate bekannt und ärztlich nachgewiesen ist."

Das gibt's doch nicht, dass die ganze Stadt Wien von einem System regiert wird, das dem Nazisystem sehr ähnelt! Jeder Beamte will über seine Bürger richten. Der Bürger muss zahlen und soll seine Goschn halten. „Wie im Heim!", stellte Robert fest. Robert hatte eine Sachverhaltsdarstellung dem Krone-Zeitung-Ombudsmann, Reinhard H. geschrieben. Über die MA 52 wurde dem Ehepaar Volek samt Kindern eine Gemeindewohnung im 14. Bezirk Nähe Hütteldorferstraße zugewiesen.

„Eigenartige Vorgehensweise. Erst Wohnungsansuchen ablehnen, dann einem ungeborenen Kind das Leben absprechen, um abschließend bei einer berechtigten Beschwerde dem Kunden in den Arsch zu kriechen!" Robert war verärgert. „Typische Arbeitsweise der Gemeinde Wien!" – „Komisch! Die Ämter werden erst wachgerüttelt, wenn man sich über sie beschwert", sagte Elfi zu ihm. Robert schüttelte seinen Kopf. „Was sitzen da für Menschen in den Ämtern und Magistratsabteilungen? Muss man immer mit Gewehr bei Fuß stehen, um zu seinem Recht zu kommen? Für was und wen gibt es Gesetze, wenn die Beamten und Mitarbeiter der Stadt Wien nicht bereit sind, diese einzuhalten?"

Babsi

Robert war um seine Elfi besorgt. Sie hatte einen großen Bauch, ihre Beine waren geschwollen und ihr Rücken schmerzte. Er ging mit ihr zum Frauenarzt. „Was sagen Sie, Herr Doktor?" Robert sah Dr. Wadlheim an. „Meinen Sie, dass da nicht Zwillinge drinnen sind?" – Dr. Wadlheim lachte. „Wenn Sie noch ein zweites Kind dazu machen, dann sind es Zwillinge. Das Kind war so groß und schnell, dass beim Ultraschall und Vermessen des Kopfes die Ärzte im Göttlichen Heiland zwei Kinder gesehen haben. Die Köpfe ließen sich auch nicht übereinander projizieren." Und weiter: „Ich kann Ihnen versichern, dass es ein Kind ist. Es ist gesund, aber sehr lebendig!" Babsi wurde am 16. November 1985 geboren.

Robert war ein stolzer Vater, der immer wieder die Videos, die er gefilmt hatte, daheim betrachtete. Bei jedem Anruf seiner Frau Elfi hörte sie das Schreien der Kleinen.

Angst ums Leben

Babsi quengelte den ganzen Heiligen Abend. Ihre Bewegungen waren apathisch. Nur langsam bewegte sie ihre kleinen Finger. Robert lag bei ihr und klopfte sanft auf den Rücken des Babys. Gabi und Gerald waren um ihre Schwester sehr besorgt. Sie streichelten den kleinen Körper, der nur mehr 2,60 kg wog. Klopften sanft auf den Hintern. Babsi war etwas apathisch und bewegte sich in Zeitlupentempo. Elfi zog die Kleine, die den ganzen Tag Durchfall gehabt hatte, an und fuhr mit ihr ins Wilhelminen Spital. Eine Infusionsnadel wurde Babsi in den Kopf gestochen. „Einen Tag länger warten, und Sie hätten ein totes Kind gehabt", stellte der Kinderarzt fest. „Wir haben Barbara stabilisieren können. Jetzt sehen wir, dass der Durchfall weniger wird. Damit ist sie über den Berg." Robert konnte seine Tränen nicht mehr zurückhalten. Warum wurden seine Familie und er so „bestraft". „Es gibt keinen Gott auf dieser Welt!", war Robert überzeugt. Er war wieder in dem hilflosen Zustand – wie damals im Heim. Angst hatte er. Angst vor der Ohnmacht, nicht helfen zu können und zusehen zu müssen, wie hilflos seine Frau war. Angst hatte er, der kleinen Babsi nicht helfen zu können. Er wischte sich die Tränen ab. Er musste jetzt tapfer sein und zu seiner Elfi stehen. „Wir werden es schaffen!" Beide sahen sich tief in die Augen. Beide hatten Tränen in den Augen und hielten sich die Hände. Ganz fest …

Familienzuwachs

Aus Gabi und Gerald sind erwachsene „Kinder" geworden. Sie haben eine eigene Familie und schon eigene Kinder bekommen. Gerald und Gabi bereiteten den Eltern viel Freude. Gerald bekam eine Tochter. Tamara wurde am 19. Juli 1999 geboren. Sie lernt zurzeit Tischlerin und brachte Opa Robert und Oma Elfi ein kleines Kunstwerk. Oma und Opa haben viel Freude mit der Truhe. Viel später, am 10. Jänner 2006, wurde Andre, das Schokobaby, wie Robert seinen kleinen Enkel nannte, geboren.

Babsi schenkte am 13. Dezember 2005 einem Mädchen das Leben. Robert nennt Bea liebevoll Tschitschi. Gabi entband am 2. Oktober 2010 Jessica. Der Familienclan ist gewachsen.

Trotz der vorhergesagten Gutachten hat Robert SEIN Leben fest im Griff. Er ist kein Psychopath geworden, der verhaltensauffällig ist. Auch sozialgestört oder asozial ist Robert nicht geworden.

„Wie hatten sich die Psychologen im Erstellen des Gutachtens getäuscht und geirrt!" Robert ist mit seinem Leben zufrieden. Sind es die schwarzen Pädagogen und schwarzen Psychologen auch?

„Die schwarze Pädagogik und schwarze Psychologie, wie sie in den 50er- und 60er-Jahren gelehrt wurde, konnte Robert nicht weichklopfen."

Robert kämpft, wenn Ungerechtigkeit oder Willkür von Beamten siegen will. Er hat in einem Verfahren gegen die Wiener Linien beim Verwaltungsgerichtshof gewonnen. Die Wiener Linien meinten, sie könnten das Datenschutzgesetz zu ihren Gunsten aushebeln. Robert war nicht der gleichen Meinung und reichte Klage beim Verwaltungsgerichtshof ein. Robert obsiegte und die Stadt Wien musste die Prozesskosten ersetzen. Diese Kosten sind im Vorhinein zu erlegen. Die Wiener Linien mussten Robert 13.000 Schilling an Gerichtskosten zurückzahlen.

23 Jahre bei den Wiener Verkehrsbetrieben

Robert wurde nach 23 Dienstjahren am 5.12.2005 von den Wiener Linien in den Ruhestand versetzt. Sein Gesundheitszustand war etwas beängstigend. Er hatte zwei Lungeninfarkte erlitten.

Direktionsarzt Dr. R. hatte Robert in den Ruhestand versetzt, da er nicht die Verantwortung übernehmen konnte, falls Robert sich verletzte. Er könnte verbluten, da er blutgerinnungshemmende Medikamente nehmen musste. Der Gemeinderat beschloss die Versetzung in den Ruhestand bei einer Sitzung im Oktober 2005.

Auch die Wiener Linien hatten diesen gewissen „Touch" eines Systems, den Robert immer wieder beanstandet hatte. Der Direktor der Wiener Linien, Dipl. Ing. G., hatte es nicht einmal der Mühe wert gefunden, bei der Pensionierung von 25 Mitarbeitern persönlich anwesend zu sein. Er ließ sich entschuldigen. „Direktor G. hat einen wichtigen Termin wahrzunehmen!", verkündete ein Mitarbeiter der Wiener Linien und verteilte das Ruhestands-Dekret an die scheidenden Mitarbeiter. Danke, Direktor Dipl. Ing. G., dass Sie sich nicht um Ihre Mitarbeiter gekümmert haben. Sind Sie etwas Besseres?
„Menschlichkeit lernt man nicht in der Schule!", dachte Robert bei seiner Pensionierung.

Teil 4

Vergangenheitsbewältigung

Mutterliebe, was ist das?

„Wien am 23.04.2001

Frau Markus!

Ich schreibe Dir heute den letzten Brief! Du kannst über unsere Beziehung nachdenken, um dann zu handeln, wie Du willst. Ich bin mir nicht bewusst, dass wir Dich so beleidigt haben, dass wir für Dich gestorben sind! Denk einmal darüber nach, wer sich von uns (Richard und ich) zweitrangig behandelt fühlt!

Du hast mich mit dem 2. Lebensjahr ins Heim gesteckt, wie Du behauptet hast. Kümmerst Dich nie um Deine Kinder, da Dir Männerbekanntschaften lieber sind, als die Obsorge Deiner Kinder (Hr. T., dein Nachbar, als dein Freund, der selber verheiratet ist). Richard und ich haben zeitlebens nie etwas von einer Mutterliebe zu spüren bekommen. Statt stolz auf uns zu sein, machst Du uns überall nur schlecht und stellst Dich als „Supermutter" ins Rampenlicht. Die Verwandtschaft lernte ich erst durch Deine abnorme Willkür mit 44 Jahren kennen. Ich bin am Überlegen, ob ich die Verwandtschaft über Deine wahre Lebensgeschichte informieren soll, da Du uns überall in Verruf bringst. Es zeigt von wahrer Härte und nicht Mutterliebe, die eigenen Kinder ins Heim zu stecken, um dann den Stab über ihren Köpfen zu brechen!! Noch dazu verleumdest Du Dein eigenes Fleisch und Blut!

Richard ist nicht, wie Du verbreitet hast, ein Sandler geworden, sondern geht brav arbeiten und stiehlt auch nicht für den Erhalt seines Lebensstandards. Ich habe eine Familie gegründet, gehe arbeiten, um MEINE Familie zu erhalten, und bin auch nicht, trotz Deiner Entscheidung, uns ins Heim zu stecken, abgesackt! Du hast uns im Leben nie geholfen oder auch nur beraten. Du wolltest uns nur schulmeistern und weil wir nicht so tanzen, wie Du gepfiffen hast, bist Du auf uns stinksauer und betrachtest uns als gestorben. Du musst erst einmal eigene Kinder großziehen, um an meiner Erziehungsmethode Kritik zu üben. Du hast es Dir leichtgemacht und uns einfach ins Heim gesteckt, dafür kassierst Du vom Staat Kindererziehungszeiten, obwohl mein Stiefvater Mark statt Dir das Heimentgelt bezahlt hat. Du erzählst nur Unwahrheiten! Hast Du Onkel Erich auch erzählt, dass mein Stiefvater des Öfteren mit dem Gedanken gespielt hat, sich „umzubringen", weil Du ihm das Leben zur Hölle gemacht hast?

Das letzte Mal rief er mich vor seinem Tod an, weil er mir noch einiges zu sagen hatte, um in Frieden einschlafen zu können.
So hast Du das Eckkästchen im Vorzimmer vor lauter Zorn und Wut demoliert, um mir dann zu sagen, dass ich einen Pfusch gemacht hätte und Du ein neues Kästchen kaufen musstest.

Im Pfannischen Bad flogen Dir die Männer auch nur zu! Oder? Du musst erst einmal Dein Leben in den Griff bekommen, um dann vielleicht über Deine Kinder den Stab zu brechen.

Meine Frau hat stets zu Dir gehalten. Was war der Dank? Du findest es nicht einmal der Mühe wert, dass Du sie nach ihrem Befinden nach dem Schlaganfall gefragt hättest, obwohl Du Kenntnis davon hattest. Norbert wusste nicht, dass Du im Zuge einer Heirat nun Markus heißt. Nur weil er Dich mit Frau Volek angesprochen hat, erzählst Du überall, dass Du ihn hasst. Du bist schon arm in Deinen Gedanken. Wie lange hast Du den

Namen Volek getragen, um ihn dann zu hassen? Die Großeltern würden sich im Grabe umdrehen!

Papa Markus hat Barbara geliebt, was wir von Dir nicht behaupten können. Du hast Barbara versprochen, dass Du sie anrufen würdest. Auf diesen Anruf wartet sie noch immer.

Wir haben bis heute keine Mutter gehabt, so wird auch Barbara keine Oma haben – wegen Deiner grundlosen Hass-Willkür. Wie Du zu Richard und mir warst, so bist Du auch zu Barbara, kalt, herzlos und einsichtslos. Weiter möchte ich mich bei Dir für Deine Nicht-Gratulation zu meinem 50er bedanken. Du warst nie bereit, uns Mutterliebe zu schenken.

Du denkst, Angriff ist die beste Verteidigung. Was ist das für ein Mensch, der sich um fremde Kinder mehr kümmert als um seine eigenen Kinder und Verwandten?

Die Krone hast Du dem Ganzen beim Begräbnis von Onkel Karl aufgesetzt, als ich Dich begrüßen wollte. Du hast Dich kaltschnäuzig umgedreht, wie es Deine Art ist, Deine Kinder zu behandeln. Ich habe Dir schon als 12-Jähriger gesagt, dass Du es nicht wert bist, Mutter genannt zu werden. Dieses Zitat trifft auch nach 38 Jahren noch zu!!! Wann siehst Du es endlich ein, dass es im Leben nicht nur die Frau Volek-Markus, sondern auch andere Menschen gibt?

Renate, Stiefvaters eigenes Kind, liebte ihren Vater sehr, was wir von Dir nicht behaupten können. Du hast Deinen Mann nicht geliebt, nein, Du hasst Deinen Mann.

So, das wäre zur jetzigen Lage zu sagen. Solltest Du für den Weiterverbleib unserer Situation sein, werde ich bestimmt eine anregende Aussprache mit Tante Hanifer, Onkel Erich, Tante

Hansi sowie Tante Fini und deren Angehörigen führen müssen. Ich war stets bemüht, ein guter Familienvater zu sein, was ich von meiner Erzeugerin nicht behaupten kann, dass sie für ihre Kinder eine gute Mutter war. Unterschrift Robert."

Im Heim geboren

Was deine Erzeugerin hier verbreitet hat, stimmt nicht. „Du bist mit dem 2. Lebensjahr ins Heim gekommen!", hat sie immer gesagt. Du schenktest ihr Glauben, weil sie deine Mutter „war". Im Akt lässt sich Folgendes sinngemäß nachlesen:
Robert Volek ist bereits im Mutterleib in die Zufluchtsstätte für obdachlose Mütter, in die Semmelweiss-Klinik bereits drei Wochen vor der Geburt gebracht worden. Am 8. Februar 1951 wurdest du in der Semmelweiß-Klinik geboren. Mit 1. März 1951 wurdest du ins Zentralkinderheim, ebendort, transferiert.
Was will deine Erzeugerin mit dieser Unwahrheit bezwecken? Jedem hat sie erzählt, du seist erst mit zwei Jahren ins Heim gekommen. Was hast du verbrochen, dass du als Säugling und vorher im Mutterleib, ins Heim kommen musstest? Bis heute hat dir niemand erklärt, warum du 20 Jahre im Heim kaserniert warst.

Ja! Genau das ist der Grund. Margarete Markus will sich gerne im Mittelpunkt sehen. Als die Beste schlechthin. Nur hat sie vergessen, dass andere Menschen auch auf der Welt sind, die eine Berechtigung zum Leben haben. Das Jugendamt hat ihr angeboten, die Kinder zur Adoption freizugeben! „Nein!", hat sie hysterisch entgegnet.

Dr. Lindt (Name geändert)

Du hast diesen Brief nicht einmal verdaut gehabt, kam auch schon ein Antwortschreiben des Rechtsanwaltes R. Lindt, in

welchem er dich aufforderte, nichts mehr an Margarete Markus zu schreiben und keine Unwahrheiten zu verbreiten. Er wäre sonst gezwungen, den Rechtsweg gegen dich zu bestreiten.
Deine Antwort:

„Wien, am 4.5.2001
Betrifft: Margarete Markus

Sehr geehrter Hr. RA!
Ich teile Ihnen mit, dass ich Ihren Brief v. 30.4.2001 am 4.5.2001 erhalten habe.
Dazu halte ich ausdrücklich fest:

Nicht ich habe unwahre Unterstellungen und kreditschädigende Verleumdungen angedroht, sondern Ihre Mandantin, die Sie rechtsfreundlich vertreten, hat unwahre Unterstellungen und kreditschädigende Verleumdung gegen mich angedroht, bzw. auch gegen meine Familie verbreitet (verbal). Sollte Ihre Mandantin mir gegenüber keiner Ehrenerklärung abgeben, werde ich zu meinem Schutze und zum Schutze meiner Familie – mit Absprache meines Ras – ich bin rechtsschutzversichert – gerichtliche Hilfe in Anspruch nehmen. Ich habe für sämtlich von mir getätigten oder niedergeschriebenen Aussagen Zeugen, die ich im Falle einer gerichtlichen Auseinandersetzung mit meiner biologischen Mutter, aufrufen lassen werde. Ich sehe daher einer Inanspruchnahme einer gerichtlichen Hilfe Ihrer Mandantin gelassen entgegen. Lesen Sie erst einmal meinen Brief an Ihre Mandantin durch, bevor Sie diese Zeilen an mich richten. Ich bin der Meinung, dass der Schuss – mich gerichtlich mundtot zu machen – nach hinten losgeht! Dazu sind Sie aufgefordert, Ihrer Mandantin dies mitzuteilen. Mit Ausdruck der vorzüglichen Hochachtung Robert Volek."

Natürlich, wie erwartet, hast du kein Antwortschreiben von Markus oder ihrem Anwalt erhalten. „Ach wie feig ist doch diese Welt!", stellst du fest. Du willst aber nicht lockerlassen und alles über dich und deine Jugend und Kindheit erfahren. Dazu ist dir jedes Mittel recht …

O, du mein „Österreich"

In der Tageszeitung „Österreich" war am Freitag, dem 12. März 2010, von Isabelle Daniel folgender Artikel verfasst worden (Text 1:1 wiedergegeben):

„SP-Justizsprecher Jarolim stellt Bandion brisante Anfrage – 1 Million Euro pro Opfer als Entschädigung
Politstreit wegen Missbrauchsfällen: SP drängt Justizministerin zu Gesetzesänderung: höhere Strafen und Millionenentschädigung.
Wien. Deutschlands FDP-Justizministerin Sabine Leutheusser-Schnarrenberger will in wenigen Wochen eine Verlängerung der Verjährungsfristen von Missbrauchsfällen beschließen. In Österreich denkt Justizministerin Claudia Bandion-Ortner noch nicht über eine Gesetzesänderung nach.
SPÖ-Justizsprecher Hannes Jarolim wünscht sich daher mehr Eifer von Bandion-Ortner. In einer ÖSTERREICH vorliegenden parlamentarischen Anfrage an die Justizministerin möchte Jarolim eine Verdoppelung des Strafrahmens bei Missbrauchsfällen – damit wäre die Verjährungsfrist verlängert.
Modell USA. Wirklich brisant ist aber ein anderer Vorschlag Jarolims: Angesichts des immer dramatischeren Ausmaßes der Kirchen-Missbrauchsfälle schlägt der SP-Sprecher auch eine Änderung des Entschädigungsrechts vor. Er nimmt das US-Modell zum Vorbild. In den USA „wurden 1,2 Milliarden US-Dollar von der katholischen Kirche bisher an Missbrauchsopfer gezahlt". Das Erzbistum Los Angeles habe „660 Millionen Euro an 508

Missbrauchsopfer überwiesen". Das heißt: Jedes Missbrauchsopfer im Bereich Kirche hat über eine Million Euro Schadenersatz erhalten. Eine ähnliche Regelung wünscht sich Jarolim nun für die heimischen Opfer.
Konkret schlägt der rote Mandatar und Rechtsanwalt vor, dass „die katholische Kirche einen Fonds einrichtet und in diesen einzahlt"
Jarolim will in der Anfrage zudem von Bandion-Ortner wissen: „Gibt es angesichts der zahlreichen Missbrauchsfälle, insbesondere im kirchlichen Bereich, bereits konkrete Pläne des Justizministeriums, wie geeignete Reaktionsformen aussehen könnten?"
Dir schwellen die Halskabel an. „Was will er?" – „So ein Jungspund!", denkst du. Du willst ihn unbedingt über die Zeitung anschreiben!

Von: „Robert"
Datum: Samstag, 13. März 2010 19:53
An: < p.fr>
CC:w.m.t>; < online@oe24.at >
„Sehr geehrte Damen und Herren.
Im Zuge eines Interviews in der Zeitung Österreich v. 12.03.2010, verfasst von Frau Isabelle Daniel, stellte der Justizsprecher Dr. Hannes Jarolim (SPÖ) fest, dass für die Missbrauchsfälle, die durch Kirchenvertreter begangen wurden, von der Kirche an die Opfer Entschädigungen ausbezahlt werden sollen. Jedes Opfer soll ein Millionen Euro von der Kirche erhalten.
Ich bin gegen jeden Missbrauch, der an Kindern und Jugendlichen begangen wurde oder begangen wird, denn es wirft auch die Frage auf, ob der Vorsatz des Täters, wissentlich und gewollt bei den Missbräuchen als erwiesen betrachtet werden kann. Ich stelle aber die Frage in den Raum, ob Justizsprecher Dr. Hannes Jarolim (SPÖ) auch zu dieser Aussage fähig wäre,

wenn er wüsste, dass es auch Missbrauchsopfer durch SPÖ-Mitarbeiter (Jugendbetreuer usw.) gibt.
Es würde mich interessieren, welchen Vorschlag dann Dr. Jarolim machen wird, wenn er erfährt, dass bestimmte Jugendbetreuer der SPÖ in den 60er Jahren, im Zeitraum 1967, 1968 sowie 1969, Jugendliche sexuell missbraucht haben und die Täter mit verschiedene Ehrungen gekrönt wurden.
Mit freundlichen Grüßen
Robert Volek"

So, jetzt bist du gespannt, ob du überhaupt eine Antwort von der Redaktion der Zeitung „Österreich" erhalten wirst!" – Du hast ja drei verschiedene Redakteure der Zeitung angeschrieben. – Oder gar: „Vielleicht antwortet dir der Justizsprecher der SPÖ persönlich!"... Du wartest noch immer auf eine Antwort. Heute ist der 2.7.2016. Du kommst dir echt verarscht vor. Das nennst du dann Pressefreiheit. Die Presse nimmt sich die Freiheit, Antworten auf Schreiben zu geben oder nicht.

Erfahrungen mit dem Büro des Bürgermeisters

Du schreibst an Bürgermeister einen Brief am 3.5.2010, in dem du den sexuellen Missbrauch noch einmal kurz schilderst – du hattest schon im Jahr 2008 und 2009 einen Brief an den Bürgermeister geschrieben. Die Partei-Leitung hatte diesen Brief und andere Schriftstücke von dir erhalten. Diesen Brief erhält das Büro des Bürgermeisters per Faxnachrichten:

„Sehr geehrter Herr Bürgermeister!

Ich warte noch immer auf ein Gespräch wegen verschiedener Beanstandungen an Wiener Wohnen sowie wegen sexueller Misshandlungen durch SPÖ-Politiker in den 70er Jahren. Aber wie bisher haben Sie kein Ohr für solche, in Ihren Augen kleinen, Misshandlungen und Beschwerden.

Ich habe schon seit über zwei Jahren versucht, mit Ihnen oder Ihrem Stellvertreter einen Termin zu bekommen, um diese Angelegenheiten aus der Welt zu schaffen. Wie immer sind auch Sie nicht bereit, mir einen Termin zu nennen. Hauptsache, Sie schwelgen, sich wohlfühlend, in der Öffentlichkeit (Medien) und lassen sich beweihräuchern. Nun denn. Ich werde an die Öffentlichkeit gehen und meine Anliegen, die die SPÖ betreffen und den sexuellen Missbrauch durch SPÖ-Politiker in den 70er Jahren, die wissentlich von der SPÖ vertuscht werden und wurden, nahebringen. Auch werde ich die sexuellen Übergriffe sowie „Züchtigungen" an Schutzbefohlenen einiger Erzieher der 70er Jahre im Erziehungsheim der Stadt Wien, die ebenfalls vom Direktor des Heimes „stillgeschwiegen" wurde und die auch die MA 11 wissentlich vertuscht hat, aufzeigen.

Ich hätte noch eine Anfrage an Ihren Justizsprecher Dr. Jarolim: Wie hoch würde er die Entschädigung für sexuellen Missbrauch durch SPÖ-Politiker an ihnen anvertrauten Schutzbefohlenen bzw. durch Erzieher diverser Heime und für handgreifliche Missbräuche veranschlagen? Hat doch Dr. Jarolim in der Zeitschrift „Österreich" festgestellt, dass die Missbrauchsopfer von der Kirche eine Entschädigung in Millionenhöhe erhalten müssen. Wäre dann die Entschädigung von der SPÖ an die Missbrauchsopfer zu hoch veranschlagt? Oder schweigt die SPÖ noch immer dazu, um nicht ins schiefe Licht zu geraten?

Sie werden auch dieses Schreiben ignorieren, wie Sie schon die anderen Schreiben von sich abgewälzt haben. Ich hatte schon ein Gespräch mit Herrn ÖGB-Präsidenten, außer einer zaghaften Entschuldigung konnte ich nach einer Stunde Gespräch nichts hören. Ich darf Ihnen trotzdem noch einen schönen Tag wünschen.

Robert Volek."

Auf diesen Brief hat dir der Bürgermeister auch nicht geantwortet, obwohl eine Faxbestätigung existiert, um ein Abstreiten hintanzuhalten. Du hast dich an den Volksanwalt gewandt und gehofft, dass der Volksanwalt wenigstens eine Antwort vom Bürgermeister erhält, damit du deine Vergangenheit besser aufarbeiten kannst.

Volksanwaltschaft

Du hast der Volksanwaltschaft die gleichen Schreiben gesendet wie dem Bürgermeister.

Die Volksanwaltschaft hat dir erst am 22. Februar 2011 unter der Geschäftszahl VA-W-SOZ/0185-A/1/2010 geantwortet:

„Sehr geehrter Herr Volek!

Die Volksanwaltschaft setzte sich auf Grund Ihrer Beschwerde mit der Stadt Wien in Verbindung und holte eine Stellungnahme ein:
Die Stadt Wien bestätigt den Erhalt Ihres Schreibens vom 3. Mai 2010, in dem Sie sich über Wiener Wohnen beschwerten und sexuellen Missbrauch thematisierten. Die für Dienstaufsichtsbeschwerden zuständige Dienststelle habe daraufhin Ihr Schreiben am 18. Mai 2010 an die Staatsanwaltschaft weitergeleitet und stellte den Kontakt zur Kinder- und Jugendanwältin her. Die Behörde verabsäumte jedoch, Sie über das Einlangen und die Weiterleitung des Schreibens an die Staatsanwaltschaft Wien zu informieren.
Die Kinder- und Jugendanwältin sei Ihnen auch bei der Klärung der Kostenabrechnung des Kindergartens Breitensee und bei der Auswahl eines anderen Kindergartens behilflich gewesen.

Sie wandten sich am 2. und 3. September neuerlich an die Stadt Wien, wo Sie wiederum Probleme mit Wiener Wohnen und sexuellen Missbrauch ansprachen. Laut Darstellung der Stadt Wien seien Ihre Eingaben an die zuständigen Stellen weitergeleitet worden, die sich auch mit Ihnen in Verbindung gesetzt hätten.
Zusammenfassend hält die Volksanwaltschaft somit fest, dass die Stadt Wien nach Einlangen Ihrer Beschwerdeschreiben Maßnahmen zur Bearbeitung dieser Beschwerden einleitete. Sie verabsäumte aber nach Eingang Ihres Schreibens vom 3. Mai 2010, Sie über das Einlangen Ihres Schreibens und über die Weiterleitung an die Staatsanwaltschaft Wien zu informieren. Falls Sie wiederum Fragen oder Beschwerden haben, steht Ihnen die Volksanwaltschaft selbstverständlich zur Verfügung. i.A MR Dr. Adelheid Pacher e.h. Signaturstempel v. 2011-02-22T13:23:07+01:00 Amtssigniert."

„No na", stellst du fest. „Die Ämter waren schneller als die Volksanwaltschaft." Du hast dich geärgert. George Hönige, Kurier, hatte recherchiert und festgestellt, dass die Staatsanwaltschaft Wien nie eine Anzeige mit einer von der Stadt Wien angeführten Geschäftszahl erhalten hatte, aber die Stadt Wien behauptet, eine Anzeige an die Staatsanwaltschaft Wien abgegeben zu haben. Es existiert auch keine Übergabebestätigung und auch keine Unterschrift eines Beamten von der Staatsanwaltschaft ... Wo sind die Schreiben von 2008 und 2009? Niemand hatte diese Schreiben erwähnt. Darum hattest du die nachfolgenden Schreiben per Faxnachrichten oder per E-Mail abgesendet. Ein Abstreiten des Erhaltens des Briefes war nicht mehr möglich. So mussten die Ämter zugeben, Briefe von dir erhalten zu haben. Wenn ich so gearbeitet hätte, wie die Büro-Angestellten des Bürgermeisters, hätte ich keine 23 Dienstjahre bei der Stadt Wien arbeiten dürfen! hast du mit Wut im Bauch gedacht.

Auch hier stellst du fest, dass Menschen gravierende Fehler gemacht haben, und nicht das System.

Das System wurde geschult. Der Mensch macht aus dem System, was er will, und ist daher selber verantwortlich für sein Handeln, seine Gedanken und seine Menschlichkeit.

Gib dem Menschen Macht, dann lernst du ihn kennen!

Du hast geschworen: „Du willst mit deiner Vergangenheit abrechnen."...

Jugendamtsakt der MA 11

40 Jahre später hast du deinen Jugendamtsakt angefordert, da du die Vergangenheit aufarbeiten willst. Warum deine Erzeugerin dich so hasst. Ja, sie hasst dich und Richard, deinen Bruder, auch heute noch. Heute ist sie 83 Jahre alt und hat das eigene Urenkelkind nur auf dem Bild gesehen. Keine Frage, wie es dem Enkelkind geht, keine Frage, wie es dem Urenkelkind geht, kam ihr über die Lippen ... Fragen über Fragen quälen dich. Du willst alles aufarbeiten und wissen. Das hast du dir zur Lebensaufgabe gemacht. Zeit hast du ja! hast du festgestellt.

Die Magistratsabteilung 11 (MA 11), du nennst sie einfach Jugendamt, hat dir die Kopien der Akte vorenthalten. Erst als du mit deinem Rechtsschutz gedroht hast, war die MA 11 bereit, die Jugendamtsakte teilweise herauszurücken.

Eine Frau Magister hatte dich angerufen und gemeint: „Herr Volek, Sie können die MA 11 nicht zwingen, Ihren Akt zu kopieren. Laut Verwaltungsverfahrensgesetz"... Du hast das Gespräch unterbrochen und stellst klar: „Liebe Frau Magister! Sie dürften die Sachlage noch nicht begriffen haben. Ich habe nach dem Datenschutzgesetz 2000 eine Datenauskunft über meine gespeicherten Daten bei der MA 11 begehrt und nicht eine Akteneinsicht nach dem Verwaltungsverfahrensgesetz. Ist Ihnen das klar?" Du hast bemerkt, wie Frau Magister ihren Adamsapfel runtergewürgt hat. – „Herr Volek, Sie haben kein Recht ...!", begann die Dame laut zu schreien. Du hast sie einfach unterbrochen und hast ihr die Leviten gelesen: „Frau Magister! Man hat mit mir 20 Jahre lange geschrien, Erzieher haben mich sexuell missbraucht und man hat mit mir gemacht, was man wollte. Man hat mir meinen Willen gebrochen." - Du hast eine Pause eingelegt, hast Luft geschnappt. Du warst echt zornig. - „Erstens verbiete ich Ihnen, mit mir zu schreien. Zweitens fordere ich Sie das letzte Mal auf, mir eine Kopie des Aktes zu übermitteln. Wenn Sie mich weiterhin anschreien und sich weigern, mir die Kopien auszuhändigen, werde ich gegen Sie eine Disziplinaranzeige machen und Sie wegen Amtsmissbrauchs bei der Staatsanwaltschaft Wien anzeigen. Haben wir uns verstanden?" Du warst echt aufgewühlt, weil die Dame am anderen Ende der Leitung nicht begreifen wollte, was du begehrst, und mit dir zum Schreien angefangen hat. – „Herr Volek, ich werde mein Möglichstes tun, um Ihrem Wunsch zu entsprechen!", sagte Frau Magister in einer dir angenehmen Stimmlage, ohne ihre Stimme wieder laut werden zu lassen, oder eine Oktave zu erhöhen. „Ich bedanke mich für Ihr Mühewalten!", hast du das Gespräch beendet.

Kurier

George Hönige (Name verfremdet) vom Kurier verbrachte unendlich viele Stunden bei dir daheim, um für seine Zeitung zu recherchieren. George hatte über dich und die Missbräuche an dir durch Otto Pruml und die Erzieher im Lehrlingsheim Weidlingau und anderen Kinderheimen berichtet. Am 16. Jänner 2011 erschien dein Artikel.

Montag, den 17. Jänner 2011, hat die MA 11 bei dir angerufen. „Was gibt es Neues?", hast du die Mitarbeiterin der MA 11 gefragt. – „Herr Volek, Sie erhalten den gewünschten Akt ausgehändigt. Ich darf Sie ersuchen, noch ca. drei Wochen zu warten. Ihr Akt ist umfangreich und benötigt eben diese Zeit, um kopiert zu werden." – „Ok. Jetzt auf einmal haben Sie erkannt, dass es mir zusteht, den Akt laut Datenschutzgesetz 2000 in Form einer Kopie zu erhalten? Oder hat der Kurier Sie dazu bewogen, umzudenken?" – „Ach so, Sie sind im Kurier?", hatte die Bedienstete scheinheilig gefragt. – „Mir ist es egal, wie lange sie brauchen, den Akt zu kopieren. Hauptsache ist, dass der Akt innerhalb gesetzlicher Frist von acht Wochen bei mir einlangt. Vier Wochen sind bereits vergangen. Somit haben Sie noch vier Wochen Zeit."

Du warst stolz, dass du in Ruhe mit der Bediensteten gesprochen hast. Du hast ja den Joker, einen Rechtsschutz zu besitzen. Du hast mit Absicht die Auszüge aus dem Jugendamtsakt in diesem Buch in Originalfassung drucken lassen, mit der damaligen Rechtschreibung. Du willst nicht, dass durch die neue Rechtschreibung die Auszüge verfälscht werden.

Gedanken „danach"

Ein unbekanntes Gefühl steigt in dir auf, wenn du deine Akte durchforstest, Gutachten und Befunde liest, die vor Jahrzehnten von „Schwarzen Psychologen" und Erziehungspersonal verfasst wurden ... Ein momentanes „Black-out" ist die Folge. Du weißt nicht mehr, ob du Junge oder Mädchen bist, beginnst „Hirn-zu-schachern", und fragst dich, was diese, für dich unverständlichen „Fachausdrücke" in deinem Akt zu suchen haben und für wen sie geschrieben wurden.

Deine Frau Elfi und du sitzen in der Küche, lesen die losen Blätter eines 700-Seiten-Aktes. Du begreifst nicht, dass deine „Mutter" dich hasst. Warum? Elfi und du, ihr findet keine Antwort. Ihr lest weiter und stellt fest, dass die Erzeugerin eigentlich die Väter der Kinder hasste und diesen Hass an ihre Kinder weitergegeben hat.

Die Tränen kullerten dir und Elfi runter. Selbst die Kinder waren geschockt und fingen zu weinen an.

Es wurde vom Erziehungspersonal festgestellt, dass du ein „Psychopath" seiest, weil du die Aufmerksamkeit auf dich gelenkt hast. Dass du dich nicht in die Gemeinschaft einfügen konntest, dass du einen IQ von 93 hattest und dieser Wissensstand weit unter dem Durchschnitt lag und als „unterdurchschnittlich" intelligent eingestuft wurde, was du nie mehr aufholen könnest, und genauso befunden wurde. Du seist zornig, würdest gleich zu weinen und zu strampeln beginnen, wenn du bestimmte Dinge nicht erhältst.

Als Schüler musst du dich ruhig verhalten, wenn 31 Kinder in einem Raum den Lehrstoff von der 1. bis einschließlich der 4. Schulstufe durcharbeiten müssen, und das in einem Alter von sechs, sieben oder acht Jahren! Ist dein Alter ein Grund, sich nicht vier oder fünf Stunden ruhig verhalten zu können, um deine „vorbereitete" Aufgabe in dieser Zeit in Ruhe zu machen? Nein, du musst immer den Unterricht stören, um Aufmerksamkeit auf dich zu lenken. Du hast ruhig zu sein, sonst besteht die Gefahr, dass du als psychopathischer Sadist „eingestuft" und begutachtet wirst.

Die Erzieherinnen und Erzieher sind nie der Ursache auf den Grund gegangen, warum du verhaltensauffällig warst! Du überlegst: Was mag der Grund sein, dass du immer schlimm warst? – Schlimm sein ist ein Begriff, der in den Augen des Betrachters gebildet wird. Ein Kind kann von Haus aus nicht schlimm sein, sondern wird zum Schlimm-Sein erzogen. Wenn ein Kind nicht Abwechslung im Tagesverlauf hat, dann muss es sich irgendwie abreagieren. Kann es sich nicht abreagieren, dann passt es nicht ins System und wird als schlimm bezeichnet.

„Schämt euch, ihr Fachkräfte, „Hilfserzieher" und schwarzen Pädagogen! Ihr habt nicht bemerkt, dass Robert Liebe, Geborgenheit und Verständnis braucht, um verstanden zu werden!" hast du gedacht. Bei deinen Kindern bist du immer auf Augenhöhe mit ihnen gegangen, um sie besser zu verstehen, um zu sehen, ob die Kinder vor etwas Angst haben. Du hast dich auf eine Stufe mit ihnen gestellt. „Was habt ihr gelernt, ihr geschultes Personal? Man muss kein Pädagoge sein, um festzustellen, dass es dem Kinde nicht gut geht. Ihr habt nur getrachtet, dass Robert still ist, um weniger arbeiten zu müssen. Da war euch jedes Mittel recht, um Robert stillzustellen. Gewalt habt ihr vom Krieg gelernt und unschuldige Kinder damit „erzogen" …

Misshandlungsgefährdet

Schon alleine in ein Gutachten hineinzuschreiben, dass ein Kind „misshandlungsgefährdet" ist, zeigt euch von der wahren Seite. Ihr legt dem Erziehungspersonal nahe, dem Kinde weh zu tun. Darauf seid ihr stolz! Es mag schon sein, dass ihr diesen Quatsch in eurem Studium lernen musstet. Aber jeder Mensch ist für sein Handeln selber verantwortlich.

Du fragst dich: Bin ich es wert, auf dieser Welt zu leben? Oft genug hat man versucht, dir das Leben zu nehmen, z. B. als die

Erzieher dich mit dem Kopf ins gefüllte Waschbecken eingetaucht haben. Als dir die Nase und der Mund zugehalten wurden, um die Luftzufuhr zu deiner Lunge abzusperren, damit du in deiner Todesangst nicht schreien kannst. Du hast wie ein Hund gewinselt, niemand hat dir geholfen, als man dich sexuell genötigt hat. Niemand verstand deine Hilferufe. Du musst „funktionieren" stellte Rudolf fest. Als wärst du eine Maschine, die per Knopfdruck oder Schalter ein- und ausgeschaltet werden kann.

Als Heimkind wurdest du wie ein Aussätziger betrachtet und behandelt. Deine Heimerfahrungen, steht im Gutachten, war dir angekreidet worden, da diese in den 20 Jahren zur „Gewohnheit" für dich geworden sind und du nicht mehr zu brechen warst.

Ist die Gesellschaft es wert, dich zu haben? Ja! Du bist es wert, auf dieser Welt zu sein. Du wurdest als Sohn von deiner Mutter gehasst und als Zögling von den Erziehern und Parteiangehörigen wurdest du geliebt. – Ja! Sexuell geliebt. Dir wird kalt bei den Zeilen. Du schüttelst dich ab. Dir graust vorm Erziehungspersonal und den Jugendbetreuern, die nur ihre sexuellen Gelüste befriedigen wollten.

Die Gesellschaft hat es verabsäumt, dich für das Leben vorzubereiten. Du selber hast aus dir aus eigener Kraft gemacht, was du heute bist. Und darauf bist du auch stolz! Die Gesellschaft und die Politik haben nichts für deine Zukunft, nach dem Ausscheiden aus dem Heim, getan und haben dich im Stich gelassen. In den Jahren haben die Heim Erhalter nur den materiellen Wert der Heimerziehung gesehen. Sie haben deine Erzeugerin und Erzeuger oft genug vor das Exekutionsgericht zitiert, um die Alimente zu bekommen. Der Heim Erhalter hat dir dein Geld gestohlen, welches du von der Arbeiterkammer jeden Monat erhalten hast. Immerhin 4800 Schilling haben sie einkassiert. Du hast nichts im Lehrlingsheim gespart. Deine Ersparnisse wurden dir vom Heim Erhalter gestohlen, obwohl für das Heim die biologischen Eltern aufkommen mussten.

Du bist „schlimm", wie sie dich beschreiben. Wenn ein Erziehungsberechtigter die Nerven verliert, weil du als Schutzbefohlener schlimm bist, und die Erziehungskraft keine Hemmschwelle mehr hat, dich NICHT zu prügeln, dann ist es für den „Schwarzen" Psychologen selbstverständlich, dich zu schlagen, denn du seiest ja „misshandlungsgefährdet" und damit selber schuld ... Du fragst dich: Warum haben die Pädagogen und Erzieher nicht die Ursache des Schlimm Seins ergründet? Warum haben die Pädagogen und Erzieher die Nerven hingeschmissen? Das sind die Fragen, die dich heute beschäftigen und die kein Psychologe beantworten kann. Sich auf das System zu berufen, ist nicht korrekt, denn dieses System regiert noch heute, musst du feststellen. Aber kein Mensch zwingt das Erziehungspersonal oder die Psychologen und Psychologinnen, dieses System hochleben zu lassen.

Es war der freie Wille der Schwarzen Psychologen und der Schwarzen Erzieher, diesen Beruf zu wählen. Es bestand kein Zwang, diesen Beruf annehmen zu müssen. Daher machst du nicht das System verantwortlich, sondern den Menschen als „Psychologen" und den Menschen als „Erzieher". Die „geschulten" Fachkräfte sollten sich ihr Lehrgeld zurückgeben lassen, denn diese Schwarzen Pädagogen und Hilfserzieher haben versagt. Sie haben dir Geborgenheit, Liebe und Verständnis vorenthalten, diese Fach- und Hilfskräfte haben dich missbraucht, um ihren Geltungsdrang zu befriedigen und um ihre sexuelle Lust zu befriedigen. Du wurdest gedemütigt und man hat dich in deiner natürlichen Entfaltung gehemmt. Man hat deinen Willen gebrochen. Darauf können die Pädagogen stolz sein.

Das Jugendamt hat ohne nachzufragen Gutachten gelten lassen, die von diesen unqualifizierten Pädagogen ausgewertet wurden. Das ist zu verurteilen, liebe Fürsorge im Jugendamt. Abschreiben kann ein jeder, der des Schreibens mächtig ist. Aber menschliche Züge in Entscheidungen hineinfließen zu lassen, das können die wenigsten von euch! Hauptsache der/die Schutzbefohlene funktioniert in der Gruppe!

Führungsbericht (Original)

„22.9.58: Führungsbericht v. 13.9.58: Mj. ist äußerst zart und schwach; er besucht die 2. Kl. V.Sch., häufige Klagen wg. dizipl. Schwierigkeiten; kein Lerneifer; kein Gemeinschaftsgefühl – will stets allein umhegt und umsorgt werden; sehr anhänglich. Große Schwierigk. b. Essen u. alltägl. Pflege; in der Gruppe arger Störenfried. Sehr unselbständig in Bezug auf Ordnung u. Sauberkeit; Wesensart ist die eines Kleinkindes; sehr unruhig u. zerfahren; schwer zu beschäftigen. KM kommt selten zu Besuch – wenig Bindung. zwischen KM u. Kd. Größe 126 cm, Gewicht 24.5 (Unterschr. unleserlich)"

Du willst dieses „Gutachten" gar nicht kommentieren. Ihr schreibt in dieses Gutachten schon den Grund der Verhaltensauffälligkeit hinein, aber behandelt nicht die Wurzel! Die Schwarze Pädagogik hat zugeschlagen!

Heilpädagogik

Hier noch ein „heilpädagogisches Gutachten" über dich. Das hast du nun davon, weil du den Akt haben wolltest! Von der KÜST (Kinderübernahmestelle der Stadt Wien)

„9.3.59. Heilpäd. Gutachten v. 6.2.59: körperl. normal entwi-

ckelter Bub, dzt. noch durchschn. Intelligenz von erheblicher kontaktgestörter psychop. Persönlichkeit in Denk- u. Vorstellgs-abläufen (sollte heißen: Vorstellungsabläufen). Es ist zu befürchten, daß die normale intell. Weiterentwicklg. ebenfalls eine Störg. erfahren wird. Robert muß mit viel Geschick und pädag. List angefaßt u. behandelt werden um einigermaßen zu funktionieren."

Na super! DU darfst auch funktionieren?

Du hast noch nicht einmal den 1. Teil deiner gelesenen Befunde und Gutachten „verdaut", sind auch schon andere Gutachten in deinem Akt aufgetaucht und du hinterfragst eigentlich deine Heimeinweisung und stellst fest, dass du eigentlich ein „echtes" Heimkind bist. Warum das? Ist es eine Freude zum Feiern, wenn du festgestellt hast, dass du ja MEHR als 20 Jahre im Heim verbringen durftest?

Obdachlos

Du stellst dir halt diese normale Mutter-Kind-Beziehung vor, denn du willst doch auch geliebt werden von deiner Erzeugerin. Aber was steht da? Diese bösen Heimakte bringen deine Träume durcheinander:

„Überstellungsgrund: Obdach- und Mittellosigkeit. KM. war schon vor ihrer Niederkunft (wow, warst da du gemeint?) obdachlos und war daher seit 15.01.1951 in der Semmelweis-Frkl. Abt. „Zuflucht" untergebracht. Versuchsweise wurde sie dann mit dem Kinde zwecks Ammendienstleistung in der Kinderklinik Glanzing aufgenommen, wo sie aber dann zu wenig Milch hatte. Die ae Mutter der KM. ist 1942 gestorben, der ae Vater ist verheiratet und steht mit KM in keiner Verbindung. KM. hat sonst keine Verwandten und Bekannte, die sie mit dem Säugling

aufnehmen würden und ist auf die Versorgung angewiesen. Die Aufnahme von Mutter und Kind im Z.K.H. wird beantragt. – Die Klinik – Verbindungsfürsorgerin Karin Hof... Wien 13.III.1951 Stempel Semmelweis Frauenklinik der Stadt Wien Hebammenlehranstalt Wien XVIII. Bastiengasse 36–38"

Du bist geschockt, deine Erzeugerin war obdachlos und mittellos. Kann denn auch eine Liebe zwischen Erzeugerin und dir aufgebaut werden? Alles muss doch erst „erlernt" werden. Du hast doch eine Liebe bereits im Mutterleib aufgebaut, du warst doch mit gleichem Blut versorgt worden, hattest dieselbe Nahrung mitessen dürfen, dir war es schon zu eng geworden, deine Geburt war auch nicht ohne ... Da soll keine Bindung aufgebaut werden können? Nein, das ist doch unmöglich. Das kannst du dir auch nicht vorstellen. Du suchst eine Erklärung und hoffst, dass in deinem Akt etwas Erfreuliches drinnen steht. – Was soll das? – Du beginnst deine Tränen zu unterdrücken, dein Schmerz wird unendlich groß: „Überstellungsgrund: Erziehungsschwierigkeiten".

Ausführlicher Bericht: *„Der Mj. befand sich seit seiner Geburt in Gemeindepflege. Die KM ist nicht verheiratet. Sie ist als Hausarbeiterin im Lehrlingsheim Nußdorf beschäftigt. Sie bewohnt mit ihrem jüngeren Sohn Richard eine Zimmer-Küche-Wohnung, die sauber gehalten wird und nett eingerichtet ist. Die KM hat zu ihren Kindern nie eine herzliche Bindung. Ihre Kinder waren ihr immer im Weg. Ihre Ablehnung den eigenen Kindern gegenüber erscheint fast unnatürlich. Sie scheint ihre Söhne, deren Väter sie seinerseits verließen, zu hassen. Sie spricht von den Kindern und von ihren Vätern haßerfüllt."*

Du ziehst dein Taschentuch heraus, begreifst die Welt nicht mehr, hast doch selber dein eigenes Kind und die Kinder deiner Frau großgezogen, hast mit ihnen Freud, Schmerz und Leid geteilt, hast mit ihnen gespielt und rumgealbert, ja, du warst für die ganze Familie immer da, wenn sie dich gebraucht hatten. – Und dann so ein Bericht in deinem Akt? – Elfi, deine Frau, bemerkt deinen still gewordenen, fragenden und verweinten Gesichtsausdruck, umarmt dich und heult auch gleich mit, als sie den Bericht über deine Erzeugerin gelesen hatte. Du sitzt mit deinem Weibi stundenlang in der Küche und fragst dich: „WARUM?"

Du wischst deine Tränen von deinen Wangen und schnäuzt dich, damit deine Nase frei wird. Warum nur? – Warum dir? – Dein Weibi und du, ihr tröstet euch gegenseitig, denn beide wisst ihr, dass ihr „eure" Kinder zu ordentlichen Erwachsenen erzogen habt, und dieses Wissen lässt euren Tränenfluss versiegen ...

Geld regiert die Welt

Neugierig bist du auf den Rest des noch ausständigen Berichts geworden. Was war weiter geschehen? Da war doch noch etwas geschrieben worden:

„Da der Mj. Robert im vergangenen Schuljahr die 9. Kl. mit Erfolg absolviert hat und nun eine Lehre beginnen sollte, wurde er am 31.7.66 von der KM in Eigenpflege übernommen ..."

In deinem Hirn spielte sich aber Folgendes ab: Du hast gewusst, dass du aus dem Kinderheim Hütteldorf „entlassen" wirst und deine Erzeugerin das Erziehungsrecht von der MA 11 übertragen bekommen hatte.

Du hattest deine Wahltante besucht, um ihr beim Holzhacken zu helfen, da diese Dame schon betagt war und du diese Arbeit übernehmen solltest. Du schlepptest das Brennholz in die

Wohnung, warst lustig und hast dich mit deiner Lieblings-Wahltante Hella gut unterhalten. Deine Tante stellte aber fest, dass deine Erzeugerin dich nur aus dem Heim nehmen wollte, weil du als Lehrling im September 1966 in einem Tischlereibetrieb anfangen durftest. Deine Erzeugerin hat Tante Helli mitgeteilt, dass sie dir die ganze Lehrlingsentschädigung „abnehmen" will, da du ja verpflichtet seiest, für die Unkosten selber aufzukommen.

Die Abschiedsworte klingen dir in den Ohren nach, als du dich von der Tante am Abend verabschiedet hast: „Aufpassen Robert, lass dich nicht unterkriegen ..."

Du bist in die neue Umgebung (Wohnung der Erzeugerin) gefahren. Du wolltest nur deine Ruhe haben, zu Abend essen und dich ausruhen. Deine Erzeugerin piesackte dich mit Fragen, was du mit Tante Hella „geredet" hast. Du wolltest über das mit deiner Tante Helli Gesprochene mit deiner Erzeugerin nicht reden und nahmst selbst Schläge in Kauf, um gerade deswegen erst recht nichts deiner Erzeugerin zu erzählen. Du hast genug Dresche bezogen und erklärst deiner Erzeugerin, dass du auch im Heim geschlagen wurdest und dies im neuen Zuhause nicht dulden würdest, als dich deine Erzeugerin zwischen zwei Kästen getreten hat – und du gesagt hast: „Einen Schlag noch von dir, dann werde ich ebenfalls auf dich einschlagen, dann weiß ich nicht, was ich mit dir mache. Morgen kannst du mit mir zur Fürsorgerin gehen. Ich will wieder ins Heim, dort werde ich vielleicht nicht geschlagen. Hast du verstanden?", hast du sie angebrüllt. 11.8.1966 Nächste Administration: Küst – Lehrlingsheim Ha-Wei (Hadersdorf Weidlingau).

Leere Worte

Der Bürgermeister versprach öffentlich (16.1.2012 ORF Wien), dass die Missbräuche „aufgeklärt" werden. Auch der Stadtrat für Jugend und Familie der Stadt Wien, hatte versprochen, diese Aufklärung als vorrangig zu behandeln. Beim Versprechen ist es geblieben. Keiner der Herren hatte jemals Robert Volek kontaktiert und um Entschuldigung gebeten oder um Aufklärung der Missbrauchsfälle ersucht.

Gib dem Menschen die Macht, dann lernst du ihn kennen.

Du ärgerst dich. Bist du ein Wegwerfprodukt der Gesellschaft geworden? Fast scheint es so. Hat das System wieder zugeschlagen? Nein, Politiker, Gewerkschafter und Medien haben ein eigenes System, das dem System der Kriegsführung und dem System nach Kriegsende gleichkommt. Jeder Mensch, der in diesem und mit diesem System eingeschult wurde, musste die Fachprüfung ablegen, damit er vom System als Fachkraft anerkannt wird, oder wurde. „Dann ist es umso ärger!" stellst du fest. Wenn Menschen dich als Aussätzigen und Wegwerfprodukt behandeln, dann entstand diese Abneigung dir gegenüber VOM Menschen! Oder? Die Basis für die eigene Entscheidung, Menschen zu hassen und als Menschen zweiter Klasse zu behandeln, hat das System gelehrt, durch Lehrkräfte, in der Politik, Gewerkschaft und Medien, die vernarrten System-Verherrlicher waren oder sind. Was jede(r) Einzelne daraus macht oder wie er/sie damit umgeht, entsteht in ihrem Hirn …

ÖGB – Österreichischer Gewerkschaftsbund (Originaltext)

„Sehr geehrter Herr Volek!

Bezug nehmend auf Ihre E-Mails, zuletzt vom 19. Mai d. J., möchte ich Ihnen Folgendes antworten:

Nach Ihrer ersten Kontaktaufnahme haben Sie mir in einem persönlichen Gespräch im Frühjahr 2010 von Vorkommnissen in einem Wiener Lehrlingsheim erzählt, die auch den Vorwurf von sexuellem Missbrauch durch einen ehemaligen Betriebsrat und Gewerkschaftsfunktionär beinhaltet haben. Die von Ihnen erhobenen Vorwürfe und Beschuldigungen nahm ich damals – und nehme sie auch heute noch – sehr ernst und darf Ihnen versichern, dass dies auch der Haltung des ÖGB entspricht. Daher ist für mich Ihr Vorhalt, dass Sie bis heute auf ein Gespräch warten, nicht nachvollziehbar, da bereits ein Gespräch mit mir stattgefunden hat. Darüber hinaus gab es von meiner Seite weder eine Erklärung noch sonstige Äußerung – und vor allem auch kein Versprechen – in den Medien. Der ÖGB lehnt grundsätzlich jede Art von Gewalt ab, egal ob daraus strafrechtliche Konsequenzen resultieren oder nicht. Dies gilt selbstverständlich auch für jede Form von Missbrauch und Nötigung. Der ÖGB bedauert es ausdrücklich und verurteilt dies ganz besonders, wenn nachweislich festgestellt wird, dass dies von Menschen mit einer ÖGB-Funktion begangen wurde. Der ÖGB nimmt die Vorwürfe sehr ernst, ist aber weder Staatsanwaltschaft noch Gericht und uns obliegt es daher nicht, anzuklagen oder Recht zu sprechen.
Da die Vorkommnisse, aus denen diese Vorwürfe und Beschuldigungen resultieren, bereits mehr als 40 Jahre zurückliegen, die beschuldigte Person seit mehr als 20 Jahren verstorben ist und sich zu den Vorwürfen nicht mehr erklären kann, ist der ÖGB nicht in der Lage, die belastenden Aussagen Ihrerseits zu verifizieren bzw. die Vorkommnisse aufzuklären. Hinzu kommt, dass für jeden Beschuldigten in unserer Rechtsordnung bis zu seiner rechtskräftigen Verurteilung die Unschuldsvermutung gilt und jeder Mensch aus gutem Grund auch ein Recht auf Schutz seiner Reputation hat. Unter bestimmten Voraussetzungen geht

*dieses Recht auch auf die Angehörigen eines verstorbenen Beschuldigten über. Insofern hat der ÖGB auch die Rechte der Familienangehörigen des verstorbenen beschuldigten Funktionärs zu beachten. Ungeachtet dessen erkennt der ÖGB Ihre Situation und Gefühle an. Der ÖGB hat die FSG Wien ersucht, den Namen der Abendschule zu ändern und den Namenszusatz des ehemaligen Funktionärs zu entfernen. Die FSG Wien hat diesem Wunsch entsprochen, die Abendschule wird künftig nur mehr unter dem Namen „FSG Abendschule" geführt.
Mit freundlichen Grüßen
Erich Foglar, Präsident"*

Er hat noch immer nicht den Ernst der Lage erkannt. Er nimmt verstorbene Missbrauchstäter in Schutz und lebende Opfer kürt er wieder zu Opfern. Seit wann sind Täter zu schützen, während er das Opfer wieder diskriminiert und als nicht schutzbedürftig einstuft? Er hatte in einer Datenauskunft festgestellt, dass Volek vom Weißen Ring entschädigt wurde. Von wem hat er diese Information erhalten? Gilt für Politiker nicht das Einhalten des Datenschutzgesetzes? Oder können sie Ex-Heimkinder nur als solche betrachten und nicht ernst nehmen? Du bist froh, nicht mehr diesem Verein anzugehören … Er hat beteuert, Otto Pruml nur flüchtig zu kennen. Du hast recherchiert und festgestellt, dass Pruml und er GEMEINSAM als Betriebsräte bei den Philips-Werken tätig waren. Mit Lügen hat er dich wieder zum Opfer gekürt. Wusste er von den Homo-Neigungen Prumls? Dann ist dir auch klar, warum er Pruml in Schutz nimmt. Fragen, die nur der ÖGB und die Philips Werke beantworten können …

Die Stadtregierung

Der Stadtrat hat eine Stellungnahme zu den Schreiben von Robert Volek abgegeben. Er beweihräucherte seine „Arbeitsweise" und ging auf deine Fragen gar nicht ein. Bürgermeister hüllt sich noch immer in Schweigen. Er hauchte zwar im Herbst 2010 eine Entschuldigung im ORF aus, diese klang so glaubwürdig wie sein Schweigen zu den Missbrauchsfällen.

Zum Entschuldigen gehören mindestens zwei Menschen! stellst du fest. Ein Mensch, der die Entschuldigung ausspricht und ehrlich meint, und ein zweiter, der die Entschuldigung annimmt!

Du hast diese falsche, vorgetäuschte Entschuldigung abgelehnt. Der Bürgermeister hat in einem Interview erklärt, dass er seit 40 Jahren von den Missbräuchen in den Heimen wisse – das hat er öffentlich zugegeben. Dann fragst du dich, was das für ein Mensch ist, der 40 Jahre zu den Missbräuchen geschwiegen hat. Hat er die Hilferufe der Heimkinder nicht gehört? Du bist fassungslos.

Irmtraut hatte 1975 eine Studie über „Kinder in Heimen verwaltet" im Auftrag der Stadt Wien herausgegeben. Erst Jahre später wurden die Heime nacheinander aufgelassen bzw. geschlossen und Wohngemeinschaften mit Pädagoginnen sowie Pädagogen und Zöglingen ins Leben gerufen. Die Stadt Wien hat Irmtraut einen Maulkorb verpasst. Sie habe die gesammelten Daten nicht öffentlich weiterzugeben. Sie unterliege der Schweigepflicht der Dienstordnung der Gemeinde Wien. Sollte Sie die Öffentlichkeit über die Studie informieren, werde Sie mit einem Disziplinarverfahren rechnen müssen ...

Das System hatte wieder zugeschlagen. Oder nicht?

Du hast mit Eva ein Forum eröffnet. Zu viele Geschichten sind noch nicht aufgearbeitet und im Kurier reißt das Feedback nicht ab. Im Forum haben die Ex-Heimkinder die Möglichkeit, sich unter Gleichgesinnten zu artikulieren und angehört zu werden. Viele Fragen sind offen: Wie melde ich mich beim Weißen Ring?

Wie melde ich mich bei der Klasnic-Kommission? Wie melde ich mich bei anderen Opferschutzstellen in den Bundesländern?
Im Forum geht es rege zu. Gedanken werden ausgetauscht und Frust wurde abgeladen.
Du hast die Mitglieder des Forums informiert:

„Hallo liebe Mitglieder,

ich habe bereits Ende Februar 2012 folgende Zeilen an DR. T., ORF, gerichtet, nachdem mein erstes Schreiben an ihn unbeantwortet geblieben ist. Anscheinend ist dem Chefredakteur bewusst, WIE er am besten die Zuseher manipuliert, um gegen uns Ex-Heimkinder die Gesellschaft „aufzuwiegeln" …

Das meinte ich mit dem „weisungsfreien(?)" ORF, der im Interesse der Politik hier die Zuseher manipuliert, um den Politikern symbolisch den Rücken zu stärken, damit diese noch lange zu den Vorwürfen schweigen und der Heim Erhalter immer neue „Arbeitsmethoden" erfindet, um die Schwarzen Pädagogen in Schutz zu nehmen und die Akten der Verbrecher aus „datenschutzrechtlichen Gründen" einer unabhängigen(?) Untersuchungs-Kommission vorzuenthalten. So hatte ich es vorausgesehen und auch einige Male gepostet."
Hier der Wortlaut deines Schreibens an Dr. T. vom Februar 2012 (2. Schreiben)

„Sehr geehrter Hr. Dr. T.! Sehr geehrter Hr. R.!

Klarstellung:

Ich wollte eigentlich gar nicht über diesen Beitrag im ORF vom 16.01.2012 19:00 Uhr ein Kommentar abgeben, aber ich habe mich entschlossen, diese Zeilen zu schreiben, um Sie mal „wachzurütteln", denn die Realität sieht ganz anders aus, als Sie diese

in Ihrem Beitrag in der Sendung Wien Heute der Öffentlichkeit übermittelt haben.
Es gebietet die höfliche Etikette des guten Benehmens, dass man auf E-Mails antwortet, auch wenn der ORF bei einem versuchten überfallsartig angesetzten Termin für ein Interview, vom „Opfer" eine Absage erhalten hat.
Ich möchte Ihnen mitteilen, dass es mir nicht um irgendeine Zuwendung des ORFs geht, nein, falls diese Ihrerseits bezahlt worden wäre, dann hätte ich diesen Betrag an Kinder überwiesen, die mittellos sind.
Es ist schon eigenartig, dass Sie als Chefreporter (leitender Angestellter) des ORF nur „lakonisch" als Abschluss Ihrer Ausführung der Öffentlichkeit mitgeteilt haben, dass das Opfer eine Entschädigungszahlung erhalten hat …
Bitterer Nachgeschmack dieser sehr qualifizierten Feststellung: „Habe ich dann zu kuschen, hat man durch diese Entschädigungszahlung einen Maulkorb verpasst bekommen?

Was wurde durch diese Zahlung ent-schädigt?"
Ent-haupten = Körper ohne Kopf? Ent-lassen = nicht mehr dazugehören? Ent-schuldigen = keine Schuld mehr haben? Ent-schädigung = finanziellen Schaden begleichen? Den habe ich zwar auch gehabt, da man mir im Heim meine Lehrlingsentschädigung abgenommen hat. Ent-schädigung = seelischen Schaden wieder gutmachen? Das kann nicht sein, denn der seelische Schaden steckt noch immer in mir drinnen! Ent-schädigung = körperlichen Schaden wieder gut machen? Die Narben sind auch OHNE Entschädigung verheilt, nachdem man mich im Kinderheim, Lehrlingsheim verdroschen hat.
Mir geht es darum, dass die Politiker von diesem Missbrauch gewusst haben und immer dazu schwiegen (totschweigen), als ich ihnen von den sexuellen Missbräuchen durch Otto Pruml*) (so hieß der Politiker) Mitteilung erstattete. Anzeige wurde angeblich gemacht, aber der Staatsanwalt hat keine Anzeige er-

halten. Auch ich habe keine Benachrichtigung des Staatsanwaltes erhalten, ob dieses Verfahren eingestellt wurde ...
Man hat mir die Nase eingeschlagen, als ich im Lehrlingsheim diesen Missbrauch aufzeigen wollte! Ich hatte mit dem Präsidenten des ÖGB eine Besprechung, den Gemeinderat betreffend, der mich im Lehrlingsheim sexuell genötigt, ja missbraucht hat. Kommentar des Hr. F.: „Herr Volek. Ich glaube Ihnen jedes Wort, was kann ich für Sie tun?" – Ich überlasse es Ihnen zu urteilen, welch geistreichen Spruch dieser Präsident des ÖGB losgelassen hatte.
Das wollte ich eigentlich aufzeigen, wenn Politiker der SPÖ und noch dazu hohe Funktionäre der Arbeiterkammer, Gemeinderat in den 80ern und 90ern mit dem damaligen Gemeinderat Dr. H. gemeinsam für unsere Stadt „arbeiten" durften, sich um uns kleine Bürger der Stadt Wien zwar nicht kümmern, aber in den Medien groß verkünden, dass ALLES aufgeklärt werde, dann bezweifle ich die Glaubwürdigkeit dieser Stadt-Politiker, jede heiß ausgelassene Luft ist glaubwürdiger als diese Politiker mit ihren leeren Versprechungen. Diese Politiker haben bis heute geschwiegen und mir KEINE Nachricht oder Antwort auf meine, an sie gerichteten Schreiben abgegeben.
Wenn man noch dazu feststellt, dass der Gemeinderat Pruml Otto eine Ehrung besonderer Klasse erfahren durfte, als man nach ihm eine Abendschule in der Gewerkschaft benannte, dann frage ich mich, ob wir Heimkinder ein Wegwerfprodukt dieser Gesellschaft sind. Ich hatte diesen Missbrauch der Heimleitung gemeldet, wurde dafür von einem Erzieher verprügelt und man wollte mich nach Eggenburg (Erziehungsheim für schwererziehbare Zöglinge) „stecken", dann kommen Sie daher und stellen fest: „Dieser Mann bekam eine Entschädigungszahlung ausbezahlt!" ... Und kusch ... Ich musste 20 Jahre lange zwangsbeglückt kuschen, ja so lange dauerte mein Heimaufenthalt. Aber jetzt lasse ich mir keinen Maulkorb mehr umhängen!

*Ich war über 23 Jahre als Gemeindebediensteter (Beamter) tätig, wurde krankheitshalber nach zwei Lungeninfarkten in den Ruhestand versetzt, aber die Verabschiedung war so feierlich, dass der Direktor der WVB nicht anwesend war, dass man den Bescheid der Ruhestandversetzung, ohne Würdigung durch WVB und Stadt Wien, auf den Tisch geknallt bekommen hat und nach Hause gehen durfte. Jeder Politiker bekommt nach zehn Jahren Tätigkeit mehr Anerkennung als wir, die 23 Jahre oder länger der Stadt Wien dienen durften. Das wollte ich Ihnen mal gesagt haben, als Opfer und Heimkind, wie ich bereits oben erwähnt habe, ist man ein Wegwerfprodukt der Gesellschaft! Das haben Sie mir durch Ihren Beitrag, am 16.01.2012, wieder bestätigt. Um Kenntnisnahme wird ersucht.
Robert Volek"*

*) Name geändert

Der ORF hat diese Mail nicht beantwortet. Schön langsam gewöhnst du dich daran, von Medien, Politik und Gewerkschaft nicht ernst genommen zu werden ... Ist das System Schuld daran? NEIN! Die Willkür jedes Einzelnen entstand im Gehirn und ist nicht dem System unterzuordnen.

Wenn du deine Schuhe verkehrt anziehst, ist nicht das System Schuld daran ...

„20. Juni 2012

*Sehr geehrter Herr Stangl,
wir haben keineswegs behauptet, dass die Helige-Kommission Entschädigungen bezahlt. Weiteres haben wir Heliges Kritik an den schleppenden Aushändigungen mancher Akten gesendet. Und wir bringen heute einen weiteren Beitrag über das, was die Historikerkommission zutage gebracht hat. Die Entschädigun-*

gen sind eine eigene Geschichte, können aber in diesem Zusammenhang selbstverständlich nicht unerwähnt bleiben. Und zum gegebenen Zeitpunkt werden wir auch über die Praxis der Entschädigung berichten.

Mit freundlichen Grüßen

*Dr. Paul T., Chefredakteur
ORF Studio Wien"*

Du denkst: Leider kannst du den ORF auf Qualität und unabhängige Berichterstattung nicht klagen, da er seine Berichterstattung als freie Meinung auslegt, obwohl diese Meinungsbildung von der Politik vorgegeben wird! bist du fest überzeugt.

Verein

Am 3.7.2013 warst du bei der Vereinsgründung dabei. Der Verein hat den Namen „Verein Ehemaliger Heimkinder Österreichs." Du hast eine eigene Facebook-Seite gestaltet und bist für den Verein, wie Romana S. als Obfrau und Franz J. S. als Schriftführer, als Kassier tätig. Dir ist bewusst, dass du dir eine Aufgabe aufgehalst hast, aber du arbeitest gerne für den Verein und für alle Missbrauchsopfer, die Hilfe nötig haben.

Am 26. Februar 2014 warst du mit deinem Freund, Franz Josef Stangl (Autor der Bücher „Der Bastard" und „Der Klosterzögling") ins Rathaus gefahren. Du wolltest mit Franz unbedingt die Gemeinderatssitzung als Zuhörer besuchen und den Worten einer Gemeinderätin lauschen, die ein von Franz und dir verfasstes Schreiben an den Gemeinderat, im Namen des Vereins, vorlesen wollte.

Scheißegal

Frau Magister L. von der ÖVP hatte angefangen zu reden. Der Stadtrat war mit allen SPÖ-Gemeinderäten demonstrativ aus dem Saal gegangen. Sie hatten mit ihrem Rausgehen bekundet, dass ihnen die Ex-Heimkinder egal sind. Oder anders ausgedrückt, ihnen sind die Worte von Frau Mag. und den Ex-Heimkinder scheißegal.

Auszug aus dem Wortprotokoll der Gemeinderatssitzung am 26. Februar 2014. Das Protokoll ist eine Kopie der Aussendung. Daher wurde diese 1:1 wiedergegeben und wortgetreu hier abgedruckt.

"Meine sehr geehrten Damen und Herren!
Ich möchte zum Abschluss meiner Rede auf ein Thema kommen, das uns hier bereits mehrfach beschäftigt hat, und möchte dazu auch Vertreter des Vereins „Ehemalige Heimkinder" auf der Zuschauertribüne recht herzlich begrüßen.
Ich habe in der Jänner-Sitzung des Gemeinderates zum wiederholten Mal den Antrag auf Ausrichtung einer Versöhnungszeremonie durch die Stadt Wien gestellt. Jetzt weiß ich schon – wir haben es gehört, wir haben es auch in einer Aussendung nachlesen können –, man strebt eine bundesweite Zeremonie an. Das kann dauern, meine sehr geehrten Damen und Herren! Das Procedere, dass nur jährlich Sitzungen der Landesjugendreferenten stattfinden, die dann aber auch erst Rücksprache mit den eigenen Bundesländern halten müssen, verheißt da nichts Gutes.
Man strebt eine Entschuldigungszeremonie im Reichsrats-Sitzungssaal an. Ich darf nur logistisch anmerken: Es hat allein in Wien 1 900 Opfermeldungen gegeben, 1 300 Entschädigte. (GR Dominik Nepp: Brauchen wir das Prater-Stadion?) Ich weiß nicht, wie Sie dann auch die anderen Bundesländer dazu in den Reichsrats-Sitzungssaal pferchen möchten. Deswegen brin-

ge ich heute zum wiederholten Mal den Antrag ein, binnen Jahresfrist eine solche Zeremonie auf Wiener Landesebene zu organisieren. (Beifall bei der ÖVP.)
Es hat sehr viele Reaktionen ehemaliger Heimkinder auf die Aussendungen und Aussagen im Rahmen der vergangenen Sitzung gegeben. Insbesondere möchte ich da eine Aussendung des Kollegen Vettermann herausstreichen, den ich persönlich sehr schätze, von dem ich weiß, dass er integer und sehr offen ist. Ich denke, seine Aussendung war mehr der Parteidisziplin als seiner persönlichen Überzeugung geschuldet. Diese Aussendung hat sehr viel Befremden hervorgerufen.
Ich darf die Gelegenheit nutzen und der Bitte nachkommen, eine offizielle Stellungnahme des Vereins „Ehemalige Heimkinder", was die Ausrichtung einer Versöhnungszeremonie betrifft, verlesen:
Es muss endlich Schluss sein mit dem Spielen auf Zeit, dem Abschieben der Verantwortung auf Länderebene und umgekehrt, seitens des Bundes und auf Landesebene. Diese Art des Umganges mit den Betroffenen aus dem Heimkinder-Skandal ist letztklassig.
Die Opfer haben uneingeschränkten Respekt und Würde zu erhalten. Die Fortsetzung vom Heimkind zum Bittsteller und Almosenempfänger muss ein rasches Ende haben, um nicht das Gefühl zu erwecken, hier wird das Opfer neuerlich zum Opfer gemacht.
Eine sogenannte Entschuldigungszeremonie ist in diesem Zusammenhang keine Frage der Zeit, sondern ausschließlich des politischen Willens. Denn es sind viele Jahre vergangen, in welchen sich der Bund und die Länder die Verantwortung gegenseitig zuschieben.
In Fällen, in denen Betroffene in mehreren Erziehungsanstalten untergebracht waren, gibt es die seltsamsten Versuche, auf dem Rücken der Opfer Pontius und Pilatus zu spielen. Betroffene Missbrauchsopfer vermissen den ernsthaften Umgang mit

ihnen, wenn hier auf Zeit gespielt wird. Das Thema ist zu ernst und zu schade, um politisch Völkerball zu spielen.

Die Signale seitens der Politik sind keine guten, die ausgesandt werden, wenn es zum Beispiel um eine Versöhnungszeremonie geht. Es wird unter den Betroffenen auch heftig diskutiert, ob es eine solche geben soll. Einige sagen, da gehe ich nicht hin. Andere wiederum, viele, ja, es soll eine Zeremonie geben, ich werde hingehen, diese Zeremonie ist für meine Vergangenheitsbewältigung von Bedeutung.

So zieht sich das pro und contra durch das Thema auf unserer Seite. Wie auch immer, es muss durch die Politik die Möglichkeit geschaffen werden, sich entscheiden zu können. Ob dies nun auf Landes- oder Bundesebene geschehen soll, ist Ansichtssache. Darüber kann diskutiert werden, aber nicht auf dem Rücken der Betroffenen.

Der tiefe Graben, der durch all die Versäumnisse, durch den Bund, die Länder, die Kirche und private Träger, durch das Wegschauen, Gutheißen, Ignorieren aufgerissen wurde, ist ohnehin nicht zuzuschütten. Es sollte aber eine Brücke der Versöhnung seitens der Politik ohne viel Wenn und Aber angeboten werden.

Entschuldigung kann es keine geben. Der Heimhalter kann nur um Verzeihung bitten. Denn entschulden kann das Opfer den Täter. Aber ein Eingeständnis des Versagens der Heimhalter wäre ein erster Schritt, die Vergangenheit der Betroffenen und Missbrauchsopfer leichter aufzuarbeiten, ohne die Willkür von verantwortlichen Politikern, eine Zeremonie vom Bund abhängig machen zu wollen.

Wenn der SPÖ-Abgeordnete Vettermann mit Begeisterung aufzählt, was nicht alles schon in Wien für die Betroffenen getan wurde, dann könnten ihm die Betroffenen ohne Begeisterung aufzählen, was nicht getan wurde und nicht getan wird, um die Betroffenen ernst zu nehmen.

Es geht den Betroffenen nicht darum, was getan wurde, denn aus dieser Sicht werden sie wieder zu Almosenempfängern und

wieder zu Opfern – denen hat man eh schon was gegeben, und jetzt ist dann a Ruh' –, sondern die ganze Thematik ist endlich mit Anstand und Würdigung der Opfer so weit zu Ende zu bringen, wie dies möglich ist. Das ist schlussendlich die Aufgabe der verantwortlichen Heimhalter, die ja auch geduldet haben, dass Missbräuche in den Heimeinrichtungen stattgefunden hatten.
Der Verein Ehemalige Heimkinder Österreichs ersucht Sie, Frau Leeb, unsere Mail bei der nächsten Gemeinderatssitzung den Gemeinderäten vorzulegen. Mit freundlichen Grüßen: Franz Josef Stangl, Schriftführer. Romana Schwab, Obfrau des Vereins Ehemalige Heimkinder."
Was ich mit großer Freude und Demut getan habe. – Danke. (Beifall bei der ÖVP und von GR Dr. Wolfgang Aigner.)"

Franz und du – nur ihr beide habt applaudiert. – Dies ist den Besuchern auch gestattet. Dreinreden in der Sitzung wird vom Vorsitzenden des Gemeinderates unverzüglich bekrittelt und verboten, hast du festgestellt. Aber eines begreifst du nicht:

„Warum steht im Wortprotokoll der Gemeinderatssitzung nicht drinnen, dass die SPÖ-Abgeordneten mit ihrem (unserem) Stadtrat O. aus dem Saal marschiert sind, als Gemeinderätin Mag. L. zum Reden angefangen hat?"

Ach ja! Der Stadtrat und seine SPÖ Gemeinderäte sind ja wortlos aus dem Saal gegangen! – Daher kein Wort-Protokoll! hast du noch zu Franz süffisant gesagt …

    Vergangenheitsbewältigung ist nicht gesellschaftsfähig

Eine neue Stadträtin., verantwortlich für Gesundheit und Soziales, stellte im Februar fest, dass die Entschädigungszahlungen an die Missbrauchsopfer mit 31. März 2016 eingestellt werden. Sie sagte: „… dass man trotzdem irgendwann einmal ein Fristende ansetzen müsse …" Und weiter: „Der Anmeldezeitraum in Wien ist im Vergleich zu anderen Bundesländern sowie zu ähnlichen Einrichtungen in Deutschland sehr lange bemessen gewesen." Viele Schreiben an ihr Büro blieben unbeantwortet. Sie ignoriert diese Schreiben und schweigt dazu vehement.

Gedanken zum Missbrauch

Sie studierte Rechtswissenschaft und schloss dieses Studium mit dem Magister ab. Wenn sie Rechtswissenschaft studierte, wieso stellt sie den Opfern ein Ultimatum und setzt ein Datum fest, welches für die Beendigung der Entschädigungszahlungen fixiert wurde? Du bist geschockt über so viel Unverständnis den Opfern gegenüber. Was interessiert mich, was in Deutschland die Politik treibt? hast du überlegt. Du schreibst einen Brief an die Stadträtin und hoffst, dass sie diesen beantworten wird. Du wartest vergebens. Keine Antwort oder auch nur ein Fiep kam von ihr. Du postest im Namen des Vereins „Ehemalige Heimkinder Österreichs" auf Facebook auf ihrer Seite Fragen über Fragen. Die Reaktion kam prompt. Du durftest nichts mehr posten, nur mehr „Liken" war erlaubt. Man hat dir den Zugang auf ihre Seite unterbunden, du wurdest gesperrt. Du setzt dich hin und hast einen Brief an die Stadträtin, ins Rathaus und einen über die Partei in Leopoldstadt geschrieben:

„Sehr geehrte Frau Mag.!

Haben Sie etwas zu verbergen?

Ihre Seite im Facebook wird von einem Team geführt, welches nach Herzenslust kritische Postings löscht. Ich finde es eigenartig, dass dieses Team in Ihrem Namen schreibt, Postings löscht und dieses Löschen mit „Beschimpfen" usw. rechtfertigen will. Nun, es liegt mir ferne, jemanden zu beschimpfen, sondern ich hatte im Namen des Vereins Ehemalige Heim- und Pflegekinder Österreichs Fragen an Sie gestellt. Diese waren bestimmt kritisch, aber nicht gegen die Internetregeln des guten Benehmens verfasst worden. Es ist nur traurig, dass Sie zu solchen Methoden greifen und auf Ihrer Facebook-Seite fremde Leute arbeiten lassen. Ich kann Ihnen versichern, dass ich dies publik machen werde. So handelt kein Politiker ... Ich bin schwer enttäuscht von Ihrer Vorgehensweise, mündige Bürger durch irgendwelche Mitarbeiter mundtot zu machen und diese Bürger, durch Ihre Mitarbeiter, wie Aussätzige zu behandeln. Liebe Grüße mit großer Enttäuschung – ich werde sicher nicht meinen Mund halten. Robert Volek im Namen des Vereins Ehemalige Heim- und Pflegekinder Österreichs."

Auch dieses Schreiben blieb unbeantwortet. Du denkst nach: Habe ich mich falsch verhalten? War der Brief frech verfasst worden? Du schüttelst deinen Kopf. Nein! Sie ist nicht fähig, deine, an dir vollzogenen Missbräuche zu verstehen oder auf diese einzugehen. Sie mag noch zu jung sein, obwohl sie eigentlich Rechtswissenschaft studiert hat, sollte sie zu uns Missbrauchsopfer halten. Stattdessen stellt sie aus wirtschaftlichen Gründen die Entschädigungszahlung ein! – Sie hat ihre Beamten, die für sie arbeiten. Sie hat ihre politischen Freunde, die ihr mit Rat und Tat zur Seite stehen. Dann ist es egal, ob sie etwas von ihrer politischen, zugewiesenen Aufgabe versteht. Sie hat dann die letzte Entscheidungsgewalt! Diese kostet sie aus! bist du überzeugt worden. Ob sie diese Entscheidung mit ihrem Beruf als Rechtsanwältin vereinbaren kann, wird von ihr nicht hinterfragt. Das ist ihr egal. Hauptsache, sie steht vor ihren Parteigenossen gut da. Du schüttelst dein edles Haupt.

Du ärgerst dich über die Reaktion der Stadträtin. Ist ihr eigentlich bewusst, dass die Missbrauchsopfer jahrzehntelang gebetet und gebettelt haben: „Wann ist das Ende dieser Missbräuche?

Wann ist Ende mit der Kinder-Sklaverei? Wann ist Ende mit dem sexuellen, gewaltsamen Missbrauch? Wann ist Ende mit dem grundlosen Verdreschen Schutzbefohlener?"

Jahrzehnte haben die Täter auf dich eingeschlagen, ja, dich verdroschen. Jeder kleinste Hilfeschrei wurde von den Schubladentätern, Schwarzen Psychologen und Schwarzen Pädagogen vertuscht und stillgeschwiegen und absichtlich nicht gehört. Du studierst weiter: Was hast du in deinem Leben als Kind und Jugendlicher falsch gemacht? Du verstehst diese Menschen nicht mehr. Sie haben dich mit Gewalt sexuell missbraucht. Sie haben deinen Willen mit Gewalt gebrochen. Du warst Sklave, sexuelles Lustobjekt von homosexuell veranlagten Erziehern und homosexuellen Jugendbetreuern der sozialistischen Gewerkschaft und der SPÖ näherstehend! ...

Schlussgedanken

Eine junge Mutter von 17 Jahren, drei Monate schwanger, von daheim ausgerissen, will in Wien oder in der näheren Umgebung von Wien „ihre" Existenz aufbauen. Ihr erstes Kind wurde in der Semmelweis Klinik „Zufluchtsstätte für obdachlose Mütter" geboren. Über neun Jahre war sie obdachlos, nahm Hilfsarbeiten an und wollte keine Geduld für ihre Kinder, Robert und Richard, aufbringen. „Da können's mich gleich in Steinhof besuchen!", schrie sie der Fürsorgerin entgegen, als diese die Kindesmutter fragte, ob sie die Kinder in den Urlaub mitnehmen wolle. Warum sie die Adoptions-Freigabe verweigerte, kannst du dir nicht erklären. SIE hat dich und Richard gehasst – ja, sie hasst dich heute noch. Du denkst dir: Wer hat die Füße - beim Geschlechtsverkehr mit Männern - aufgestellt? Nicht du, stellst du fest. Du sagtest immer: Menschlich hat deine Erzeugerin versagt. Sie tut dir leid! Man kann als Mensch Fehler haben, muss sie selber eingestehen und um Verzeihung bei den eigenen Verwandten bitten, damit das Leben wieder ins Gleichgewicht gebracht wird. Sie will nicht über ihr Leben sprechen. Sie wollte Richard abtreiben. Tante Hansi gab ihr das dazu fehlende Geld nicht. Tante Hansi meinte: „Fürs Töten eines ungeborenen Kindes gebe ich kein Geld her!" M. Volek will nur überall als gute Mutter dastehen, die ihre missratenen Kinder ins Heim stecken musste. Sie verschweigt überall, dass Robert im Heim geboren wurde. Sie fühlte sich dir immer überlegen. Sie hat ihren Mann, Franz, auch gehasst. Öfters wurdest du in deiner Dienststelle angerufen, damit du den Streit zwischen ihr und Franz schlichtest, da dein Stiefvater drohte, sich vom Balkon in die Tiefe stürzen zu wollen ... Du sagtest zu ihr: „Mama, gib Papa doch endlich ein Versöhnungs-Bussi!" – „Na, des muass i mir no guat überlegen!", war ihre Antwort. SIE soll dich weiter hassen. Du hast mit ihrem Leben abgeschlossen. Dich interessiert nicht mehr, was mit ihr ist, zumal sie ihr kaltes Herz auch im Hanusch Krankenhaus gezeigt hat, als sie dir gegenübergesessen hatte. Dir wurde Blut fürs Labor abgezapft. Sie würdigte dich keines Blickes ... Als Sohn wirst du gehasst, weil deine Erzeugerin die Männer hasste, die sie mit den Kindern, Richard und Robert, sitzen lassen haben. Dieser Hass gegenüber ihren Kindern besteht auch noch heute.

Die Heime wurden sehr spärlich von den verantwortlichen Politikern oder den Heimhaltern kontrolliert. Du als Zögling wurdest nur als Sexobjekt geliebt. Du bist zu der Überzeugung gekommen: Hättest du alles gemacht, was die Sexlüstlinge von dir gewollt und erwartet haben, dann wärst du bestimmt nicht geschlagen und gedemütigt worden. Du hast dich widersetzt. Du wurdest mit den Worten: „Der Minderjährige ist misshandlungsgefährdet!" von Schwarzen Psychologen begutachtet und damit zum Freiwild für Erzieher erklärt. Du bist aber stolz, dass du Widerstand geleistet hast. Diesen Widerstand hast du auch heute, wenn man dir Unrecht tut oder wenn du ungerecht behandelt wirst. Dann wehrst du dich mit allen dir zur Verfügung stehenden Rechtsmitteln.

Politik, Gesellschaft, Heimhalter und Kirche haben versagt. Sie wollen über die Missbräuche Stillschweigen verhängen. „Nur nicht anstoßen an die Ex-Heimkinder, es könnte viel zu teuer für den Staat oder die Bundesländer werden, wenn sie gerecht abgegolten werden und ihnen der Opferstatus zuerkannt wird.

WER KINDERN KERKERMAUERN BAUT, REISST PALÄSTE NIEDER

… hat Robert festgestellt und am eigenen Körper gespürt…

Mein Dank gilt besonders: Elfriede D., Johann Fischbach, Ernst Rak, Richard Volek, die mir Bilder fürs Buch zur Verfügung gestellt haben. Die Erlaubnis zum Drucken wurde erteilt.

Wer Kinder Paläste baut, reißt Kerkermauer nieder...

Robert Volek

Foto Robert Volek – Nebengebäude

ÖGB Jugenheim f. Lehrlinge Prein an der Rax
Foto: RAXMedia aus meinbezirk.at Prein ist zu haben
vom 20. 02. 2016

Foto Ernst Rak, Hauptgebäude Seitenansicht

Auhof-Lager Luftbild Privatfoto R. Volek vom Lehrlingsheim Weidlingau ca. 100 Meter Luftlinie entfernt

Privatfoto: Elfriede D. Erlaubnis zum Drucken erteilt. Puppe war die gekaufte „Tochter" Dir. Rudolf H.

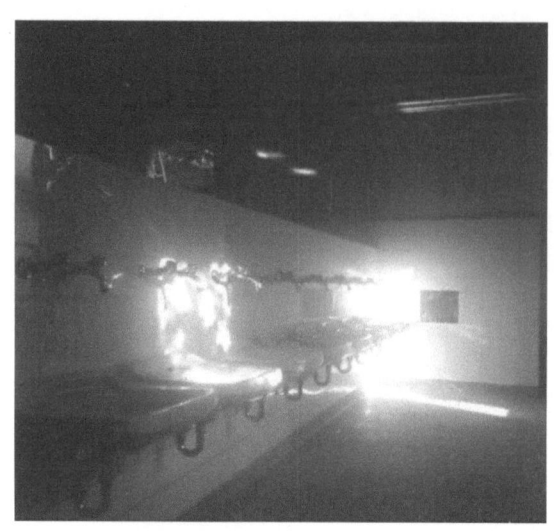

*Foto Johann Fischbach,
Zweiter Waschraum in Hütteldorf*

Foto R. Volek Lehrer Prk.

Foto Johann Fischbach - Pavillon im Wald hinter dem Hauptgebäude

Foto Johann Fischbach, Schwester Fini vor dem Waschraum

Robert Erstkommunion

Robert Wolfgang Volek

wurde in der Semmelweis-Klinik, „Zufluchtsstätte für obdachlose Mütter", am 08. Februar 1951 geboren. Nach drei Wochen, am 1. März 1951, wurde er im gleichen Spital ins „Zentralkinderheim" transferiert. Damit begann seine Heimlaufbahn.

20 Jahre war Robert im Heim und konnte hautnahe die schwarze Pädagogik am eigenen Leib spüren. Robert rechnet mit der Vergangenheit ab.

Er erlernte den Beruf Tischler. Ab dem 32. Lebensjahr wurde er bei den Wiener Linien als Straßenbahnfahrer, U-Bahnfahrer, Stationswart angestellt. Mit 35 Jahren wurde er in das Beamtenverhältnis übernommen. Ab 1998 wurde er als Tischler-Spezialfacharbeiter in der Wasserleitungswiese, U-Bahn beschäftigt.

Mit 5. Dezember 2005 wurde Robert, mit Stadtsenatsbeschluss, aus gesundheitlichen Gründen, nach zwei Lungeninfarkte, in den Ruhestand versetzt.